Mein Wunsch sei mir Befehl

Markus A. Litters

Markus A. Litters

Mein Wunsch sei mir Befehl

Rosamontis Verlag

Besuchen Sie uns im Internet:

http://www.rosamontis.de

ISBN 978-3-940212-52-8

Gesamtherstellung: Rosamontis Verlag
Umschlagabbildung: Nataly Nete, Cobalt/fotolia

Bibliografische Information der Deutschen Nationalbibliothek: Die Deutsche Nationalbibliothek verzeichnet diese Publikation in der Deutschen Nationalbibliografie; detaillierte bibliografische Daten sind im Internet über http://dnb.ddb.de abrufbar.

INHALT

Vorwort

Warum haben einige Menschen immer Glück und andere immer Pech? – *Warum* sind einige Menschen, egal was sie tun, immer gesund und andere immer krank? – *Warum* können einige Menschen essen, was sie wollen und nehmen nicht zu, während andere nur vom Zuschauen schon dick werden?

Die Antwort auf diese und viele ähnliche Fragen ist ganz einfach: Es gibt universelle Regeln in unserem Leben, die immer und überall gelten. Ob wir sie kennen oder nicht. Die meisten Menschen kennen diese Regeln jedoch nicht und deshalb wundern sie sich immer wieder, warum ab und an etwas funktioniert und meistens nicht.

Wenn wir diese Regeln einhalten, bekommen wir, was immer wir wollen. Wenn wir sie nicht einhalten, bekommen wir, was wir nicht wollen und landen nur ab und an einen „Glückstreffer".

Ein ganz toller Aspekt dieser Regeln ist, dass *jeder* sie anwenden kann und wirklich *jeder* das bekommen kann, was er will. Ob man nun Bäcker, Putzfrau, Programmierer, Manager eines Weltkonzerns, der Papst oder der Dalai Lama ist, spielt überhaupt keine Rolle.

Ich werde Ihnen diese Regeln nun näherbringen. Ich kann Ihnen versichern, dass diese Regeln definitiv existieren und dass ich, seitdem ich sie immer konsequenter befolge, mein Leben komplett zum Guten verändert habe. Für die, die gleich denken, dass das alles Blödsinn ist, vorab noch ein paar Hinweise:

Zu Zeiten von Copernicus glaubten die „Verstandsmenschen" noch ernsthaft, dass die Erde still steht und alle anderen Gestirne sich um die Erde drehen. Der Verstand hatte auch plausible Argumente hierfür: „Bei der Bewegung müsste man doch einen Fahrtwind spüren" oder „fallende Gegenstände müssten eine schräge Bahn besitzen".

Auch war es früher ein Fakt, dass die Erde eine Scheibe sei. Wenn sie rund wäre, so sagten die Gelehrten, dann müsste man doch die Wölbung sehen, wenn man eine weite Strecke betrachtet und alle intelligenten Menschen stimmten ihnen zu, denn dieses Argument schien plausibel.

Genauso interessant sind Aussagen bezüglich der ersten Eisenbahnen, die schneller als 30 km/h fahren konnten. Da gab es hoch angesehene Mediziner, die behaupteten, dass der menschliche Körper eine Geschwindigkeit von mehr als 30 km/h nicht aushalten könnte und untermauerten ihre Aussagen mit allerhand „Fakten".

Ich nehme an, Sie merken schon, worauf ich hinaus will. Die Menschheit weiß eigentlich nur, dass sie nichts weiß. Wenn man bedenkt, was wir vor zehn Jahren alles noch nicht wussten, können wir uns ein ungefähres Bild davon machen, was wir in zehn Jahren wissen, was wir jetzt noch nicht wussten.

Das Erschaffen liegt in der Natur des Menschen. Von klein auf bauen wir Sandburgen, erschaffen mit Knete und Buntstiften die abenteuerlichsten Dinge und bauen mit Bauklötzen die tollsten Gebäude.

Wenn wir uns in der Welt umschauen, sehen wir, was der Mensch im Laufe der Jahrtausende alles erschaffen hat. Doch wenn wir genauer hinschauen, stellen wir fest, dass jeder Handlung, die erschaffen hat, etwas vorausgegangen ist: die Erschaffung im Geiste.

Wenn Sie dieses Buch gelesen haben, werden Sie wissen, wie Sie – allein durch Ihre Wünsche und Überzeugungen – alles erschaffen können, was immer Sie möchten.

* * *

Mein Name ist Markus Litters.

Mit vier Jahren hatte ich eine Hirnhautentzündung, die wegen einer Fehldiagnose erst spät entdeckt wurde. Der Arzt meinte damals zu meiner Mutter, dass ich entweder nicht durchkommen würde oder einen entsprechenden Schaden behalten würde.

Mit zwölf Jahren wurde bei mir eine cirka faustgroße Zyste in meinem Kopf entdeckt, die ich von Geburt an habe. Der Arzt in der Uni-Klinik Mainz sagte damals zu meiner Mutter, dass ich höchstens 18 Jahre alt werden würde – ich saß daneben.

Mit 18 entdeckte man, nach einer heftigen Nierenkolik, dass ich von Geburt an eine Harnleiterverengung habe.

Immerhin lebte ich ja noch.

Mit 19 wäre ich beinahe an einem Asthmaanfall gestorben, kurz nachdem eine meiner Mitschülerinnen an einem solchen auf dem Wormser Backfischfest verstorben ist. Seitdem hatte ich allergisches Asthma und reagierte auf immer mehr Tiere immer schneller ...

Mit 20 wurde festgestellt, dass meine linke Kniescheibe verschoben ist – als ich gerade Standard-Turniere getanzt habe.

Mit 24 hatte ich 68 recht große Gallensteine. Seitdem immer wieder massive Probleme, bei bestimmtem Essen.

1998 machte ich mich selbstständig.

1999 übernahm ich eine Arztsoftware, die auf dem System IBM AS/400 lief, mitsamt allen Leichen im Keller ...

Ende 2000 gab es die große Krise mit der Arztsoftware und ich hatte plötzlich mehrere Hunderttausend DM Schulden.

Es folgten zwei Magengeschwüre in 2001 und 2003.

2004 kommen noch ein paar Gichtanfälle in der linken Hand und im linken Fuß dazu. Es folgt eine medikamentöse Behandlung.

2005 wurde es dann richtig interessant, als ich knapp an einem Herzinfarkt vorbeigeschrammt bin. Zu der Zeit wog ich knapp 120 Kilogramm!

Schwere Beruhigungsmittel waren die (logische?) Folge.

2006 – just zur Fußball WM – hatte ich dann einen Bandscheibenvorfall, der laut drei sehr guten Ärzten unbedingt operiert werden musste – der OP-Termin stand schon.

2008 hatte ich einen großen Schuldenberg vor mir aufgetürmt, zu dem sich, gerade als es anfing richtig besser zu werden, eine vorläufige Insolvenz gesellte.

* * *

Guten Tag, liebe Leserin und lieber Leser,

mein Name ist Markus A. Litters, ich bin 38 Jahre alt und habe keinen so schweren Schaden davon getragen, wie der Arzt 1976 meinte.

Ich bin seit knapp 20 Jahren Programmierer – mit Schwerpunkt auf IBM i OS – und damit bin ich schon 20 Jahre älter, als der Arzt in Mainz 1984 annahm.

Mein letzter Asthmaanfall liegt schon so lange zurück, dass ich mich nicht mehr erinnern kann und meine Allergie gegen Tiere wird immer geringer.

Ich tanze mit meiner Frau regelmäßig, vor allem Standard-Tänze und mein Knie freut sich sehr darüber. Bezüglich fettem Essen habe ich überhaupt keine Probleme mehr.

Meine Gichtanfälle sind übrigens verschwunden – ohne Medikamente.

Mein Herz ist topfit – laut letztem Fitness-Check bin ich so fit wie ein 25-Jähriger.

Meine Bandscheibe – läuft wie geschmiert ...

Ich wiege derzeit 74 Kilogramm und habe meine Schulden schon um über zwei Drittel reduziert, mit der Tendenz weiter fallend.

Warum lesen Sie das hier???

Weil Sie gelesen haben, was ich geschafft habe und weil Sie offensichtlich wissen wollen, wie ich das geschafft habe. Vielleicht auch, weil Sie das Gefühl haben, in einem dunklen Raum zu sein und nur ein winziges Licht zu haben, mit dem Sie mal hier und mal da leuchten und immer nur kleine Ausschnitte des Raums erkennen können.

Dennoch versuchen Sie, mit diesem kleinen Licht die Dunkelheit zu vertreiben. Ab und an stoßen Sie sich an irgendetwas, weil Sie es nicht gesehen haben und ärgern sich dann, dass Sie nicht mehr sehen können – das große Ganze.

Durch das, was Sie hier lesen, werden auch Sie wissen, wo der Lichtschalter in Ihrem dunklen Raum ist und können mit einem Schlag die Dunkelheit vertreiben. Ich freue mich, dass Sie dieses Buch lesen und werde Ihnen auf den folgenden Seiten diesen Lichtschalter zeigen.

Ich verrate Ihnen, wie ich all die am Anfang genannten, schlimmen Dinge immer wieder gemeistert habe und mittlerweile mein

Leben bewusst in die Richtung lenke, in die ich gehen möchte und wie Sie das ebenfalls tun können.

Vielleicht haben Sie ähnliche Probleme, wie ich sie hatte. Vielleicht wollen Sie zukünftig auch „nur" Ihre Projekte besser und/oder schneller bewältigen, einen anderen Job oder Lebenspartner, mehr Gesundheit oder Ihre Mitarbeiter besser motivieren oder einfach „nur" ein glücklicheres Leben führen. Was es auch sein mag, Sie werden auf den folgenden Seiten erfahren, wie Sie es schaffen können.

Die Wunderlampe

Das Ganze hat überhaupt nichts mit Tricks oder Zauberei zu tun. Ich bin auch kein Auserwählter, der von Gott, Allah, der Macht oder wem auch immer urplötzlich gesegnet wurde und nun Wunder vollbringen kann.

Nein – es ist viel einfacher!

Es gibt einige Regeln in diesem Universum, die – wenn wir sie kennen und befolgen – uns dazu verhelfen, alles (er)schaffen zu können, was wir uns vornehmen.

Vorweg möchte ich noch darauf hinweisen, dass ich mich bezüglich Glaubensfragen, Religion und Spiritualität bewusst sehr zurückhalte. Meiner Auffassung nach kann und soll jeder an das glauben, was er oder sie für richtig hält.

Ein Problem jedoch, das viele Menschen mit den Themen haben, die ich hier anspreche ist, dass sie denken, dass es sich um irgendwelchen „esoterischen Blödsinn" handelt und sich deshalb leider nicht damit befassen.

Aber mal ganz ehrlich: Wenn Ihnen jemand eine Wunderlampe in die Hand drückt, von der Sie genau wissen, dass sie funktioniert, ist es dann nicht egal, wie sie im Detail funktioniert, so lange Sie Ihre Wünsche ohne negative Konsequenzen erfüllt und Sie wissen, wie man sie bedienen muss?

Und damit sind wir auch schon mitten im Thema. Wie bekomme ich, was ich wirklich will und nicht immer das Gegenteil davon?

Wie Sie eingangs gehört haben, habe ich schon einige heftige Dinge erlebt und Sie können sicher sein, dass ich mir die Herzprobleme, das Übergewicht oder den Schuldenberg nicht bewusst gewünscht habe. Doch wieso bekommen wir immer wieder die Dinge, die wir eigentlich nicht wollen und wieso klappt es ab und an, dass wir, auf teilweise wundersame Weise, die Dinge bekommen, die wir uns wünschen?

Dazu zunächst eine kurze Geschichte:

Ich hatte insgesamt elf Jahre die Hotline und Programmierung für eine Arztsoftware.

Als ich die Software 1999 übernommen habe, haben meine damaligen Mitarbeiter und ich mehr Leichen im Keller gefunden, als wir Kunden hatten und die Kunden haben die Hotline regelrecht bombardiert. Es gab sehr viele Tage, da blieb nicht einmal Zeit, um auf die Toilette zu gehen, ohne dass bei irgendeinem Kunden nicht die gesamte Praxis stillstand.

Seitdem ich die Praktiken, die ich Ihnen hier erläutere, anwende, ist diese Hotline fast komplett verstummt und im Sommer 2009 habe ich durch einige „Zufälle“ eine Firma gefunden, die alle Kunden übernommen hat – genau zum richtigen Zeitpunkt, denn die ganzen Änderungen, die 2010 im Gesundheitswesen anstanden, hätte ich nicht bewältigen können.

Nun schauen wir uns an, wie es seinerzeit dazu gekommen ist … Die Firma, die mir die Arztsoftware überlassen hat, hat für die Software selbst kein Geld verlangt. Es war Anfang 1999 und so dachte ich zunächst, dass die mit dem Jahr 2000 und/oder dem Euro massive Probleme hätten. Es wurde mir jedoch schriftlich im Übernahmevertrag bestätigt, dass die Software keinerlei Probleme mit dem Jahr 2000 und dem Euro habe. Es wurde mir immer wieder versichert, dass der Inhaber des Unternehmens sich lediglich auf seine Kernkompetenz konzentrieren wolle und alle anderen Geschäftsbereiche nun abgeschoben werden, was in der Tat auch der Fall war. Neben der Arztsoftware gab der Unternehmer auch einige andere Geschäftsbereiche auf bzw. ab.

Da ich aber aufgewachsen bin mit Sprüchen, dass es bei solchen Geschenken immer irgendeinen Haken geben muss, hatte ich panische Angst, dass irgendwo noch ein massives Problem auf mich wartet. Ich hatte solche Angst davor und habe mit so vielen Menschen darüber gesprochen und jeder aus meinem Umfeld stimmte mir zu, dass es bestimmt irgendeinen Haken geben muss.

So kamen dann auch die Probleme – wie ich sie mir *unbewusst durch meine Ängste* gewünscht habe – prompt auf mich zu, nachdem die Hotline auf meine Telefonanlage umgestellt wurde. Kunden riefen an und beschwerten sich, dass sie schon vor Monaten für eine bestimmte Funktion Geld an meine Vorgänger bezahlt hätten und immer noch nichts bekommen haben und ich solle das jetzt in zwei Wochen liefern oder das Geld zurückzahlen.

Bei anderen, bei denen kurz vor der Übernahme noch alles problemlos lief, fiel plötzlich die AS/400 aus – ein System, welches so gut wie nie ausfällt, Terminals und Drucker gingen kaputt, Programme funktionierten plötzlich nicht mehr wie gewohnt … und so weiter.

So saß ich mit meinen Mitarbeitern da und wir fragten uns, warum wir? Was haben wir nur getan, dass wir so viel Chaos abbekommen müssen? Den ganzen Tag Horroranrufe – wieso nur wir? Und schon kamen weitere Horroranrufe und unbekannte Probleme auf uns zu.

Ich habe oben erwähnt: ‚Probleme – wie ich sie mir unbewusst durch meine Ängste gewünscht habe.'

Ich habe in den letzten vier Jahren nach und nach für mich herausgefunden, dass das, was man sich wünscht, auch zu einem kommt. Und ich habe herausgefunden, dass es wirklich so einfach ist, wie es klingt.

Viele von Ihnen denken jetzt gerade: Wenn es doch wirklich so einfach wäre ...

Aber ich sage Ihnen: *Es ist so einfach!*

Man muss nur die Regeln, die dies ermöglichen, kennen und befolgen.

Der Knackpunkt ist, dass man alles, was man sich wünscht, auch bekommt. Nicht nur das, was man sich bewusst wünscht. Es ist nicht ganz so, wie bei der Wunderlampe, bei der man nur das bekommt, was man sich wünscht, wenn man daran reibt.

Nein – diese Regeln sind immer aktiv. 24 Stunden am Tag und sieben Tage die Woche. Man bekommt das, wovon man überzeugt ist, dass man es bekommt. Nicht nur das, was man sich „mal wünscht und dann denkt – das bekomme ich ja doch nie".

Wenn ich z.B. Angst habe, dass es an der geschenkten Software irgendeinen Haken geben muss, dann erwarte ich, dass es so ist und damit wünsche und erwarte ich. Denn Angst ist das negative Gegenstück zum Wünschen. Ich bin überzeugt, dass es so sein muss und deshalb gibt es auch einen Haken – mein „Wunsch" wird also erfüllt.

Mittlerweile weiß ich, hätte ich mich 1999 einfach nur gefreut, dass ich die Software mitsamt den Kunden und Wartungsverträgen übernehmen kann und keinerlei Ängste gehabt, sondern mich auf den Vertrag verlassen, in welchem ja alle möglichen Dinge schriftlich geregelt waren, wäre es anders gekommen. Wäre ich davon überzeugt gewesen, dass ich innerhalb von einem Jahr fünf bis zehn neue Kunden gewinne, hätte ich sie auch bekommen. Stattdessen hatte ich von Anfang an Angst, dass Kunden abspringen, weil die Software von mir übernommen wurde – und raten Sie mal, was passiert ist ...

Genau!

Es sind einige abgesprungen. Wenn auch nicht viele am Anfang, aber mein „Wunsch" wurde erfüllt.

Neue Kunden sind natürlich nicht gekommen – warum? Weil ich zweifelte.

Zunächst ging ich optimistisch vor. Bis zu diesem Zeitpunkt hatte ich bereits einige, teils namhafte Firmenkunden gewinnen können und bis dahin war es so, dass ich jede Firma, bei der ich einen Vor-Ort-Termin hatte, auch als Kunden gewinnen konnte. Das verleiht einem Selbstvertrauen und Zuversicht, die ich in jedes neue Gespräch mitnahm, d.h. ich war noch überzeugter, dass ich auch beim nächsten Gespräch den Kunden gewinnen würde.

Dann begann ich, Ärzte anzurufen, um sie als Kunden zu gewinnen. Ich versuchte, sie mit Rundschreiben – wie bei meinen Firmenkunden – zu erreichen. Allerdings von Anfang an mit Zweifeln, da mir meine Vorgänger sehr eindringlich erklärten, dass Ärzte nun einmal eine ganz andere Zielgruppe sind als die Firmen. Und so glaubte ich das. Wenn man wirklich an etwas glaubt, dann ist man in der Regel davon überzeugt. Und wie ich schon sagte, wenn wir uns etwas wünschen und überzeugt davon sind, dass wir es bekommen, dann bekommen wir es auch – egal, was es ist – ob es gut oder schlecht für uns ist.

Das Wichtigste im Überblick:

Es gibt universelle Regeln, die unser Leben bestimmen. Wenn wir diese Regeln kennen und anwenden, können wir alles bekommen und erreichen, was wir wollen. Wenn wir sie nicht kennen bzw. ignorieren, funktionieren sie trotzdem. Angst ist das negative Gegenstück zum Wünschen und bringt uns das, wovor wir Angst haben.

Die erste Regel lautet: Wünsch‘ dir was!

Die zweite Regel lautet: Sei überzeugt, dass du es bekommst und lass den Wunsch los!

Überzeugung und der Verstand

Und damit kommen wir schon zu einer Schwierigkeit. Wir müssen wirklich und absolut davon überzeugt sein, dass wir das, was wir uns wünschen, auch bekommen.

Wenn ich mir z.B. wünsche, neue Kunden zu bekommen, gleichzeitig aber nicht davon überzeugt bin, dass es auch so ist, dann werde ich auch keine bekommen. Wenn ich aber Angst habe, Kunden zu verlieren und gleichzeitig davon überzeugt bin, dass ich welche verliere, dann werde ich auch Kunden verlieren, denn Angst ist das negative Gegenstück zum Wünschen.

Ich habe in den letzten Jahren immer mehr und immer öfter festgestellt, dass das Problem bei uns „Kopfmenschen“ primär unser Verstand ist. Unser Verstand, der ja so vieles weiß. Er weiß so viel, dass er bei jeder Kleinigkeit, die wir uns wünschen, direkt Gründe und Argumente findet, um uns zweifeln zu lassen.

Einige Beispiele:

Ich: Ich wünsche mir, im Lotto zu gewinnen.
Mein Verstand: Die Wahrscheinlichkeit im Lotto zu gewinnen ist 1:140 Millionen, ich habe doch noch nie einen größeren Betrag gewonnen ...

Ich: Ich wünsche mir, dass ich wieder gesund und fit bin.
Mein Verstand: Schau dir doch mal die Kernspinaufnahmen an, die Bandscheibe ist hinüber, wie sollst du da wieder gesund werden? Die Ärzte haben doch auch alle gesagt, das geht nicht ohne OP, ich habe schon von klein auf immer wieder Probleme mit der Gesundheit, in meiner Familie sind so viele krank ...

Ich: Ich wünschte mir, diese tolle Frau dort, würde mich jetzt ansprechen.
Mein Verstand: Wieso sollte sie ausgerechnet dich ansprechen, da sind viele andere Männer, die viel besser aussehen/interessanter/reicher/klüger sind ...

Auch in der Politik und Wirtschaft ist es so. Wenn jemand eine wirklich gute Idee hat, finden sich gleich jede Menge Leute, die Dutzende von Argumenten bringen, warum diese Idee nicht verwirklicht werden kann.

Unser Problem ist es also, dass wir so schlau sind, dass unser Verstand meint, er wüsste schon alles und kann es sich deshalb erlauben, alles Mögliche anzuzweifeln.

Mir ist auch aufgefallen, dass es den meisten von uns wesentlich leichter fällt, negative Dinge zu akzeptieren und zu glauben, als positive.

Wenn z.B. jemand auf Sie zukommt und Ihnen sagt: „Mensch, sehen Sie gut aus!" – dann fragen sich die meisten, was das jetzt soll und vermuten irgendeinen Hintergedanken.

Wenn aber jemand auf uns zukommt und sagt: „Mensch – wie siehst du denn heute aus – ganz furchtbar!" – dann kommen den meisten sofort Gedanken, dass er bestimmt recht hat und rennen zum nächsten Spiegel, um sich zu vergewissern, dass der andere recht hat.

Wenn wir dieses Beispiel umdrehen und uns bei der positiven Bemerkung einfach freuen und sagen „Toll – ich fühle mich auch wirklich gut", dann wird es Ihnen mit Sicherheit gleich viel besser gehen.

Ich habe irgendwo gelesen, dass im Alter von sieben Jahren unser Verstand so stark wird, dass er sich als „wir" definiert. D.h. der Verstand glaubt dann allen Ernstes, dass er den Menschen ausmacht. Dabei sind wir viel mehr als nur unser Verstand. Wir bestehen aus unserem Körper, unserer Seele und unserem Verstand. Allein unser Körper besteht wiederum aus so vielen Millionen einzelner Zellen, dass es geradezu an absoluten Größenwahn anmutet, was unser

Verstand da tut. Seltsamerweise nehmen die meisten von uns das aber gar nicht wahr.

Albert Einstein hat einmal gesagt: „*Der intuitive Geist ist ein heiliges Geschenk und der rationale Geist ist ein treuer Diener. Wir haben eine Gesellschaft erschaffen, die den Diener ehrt und das Geschenk vergessen hat.*"

Ich finde es gut, dass es Albert Einstein war, der das gesagt hat, denn wenn z.B. ich das sagen würde, würden viele sagen: „Was soll denn das für ein Spruch sein? Der spinnt ja."

Aber, weil der rationale Geist – oder wie ich ihn nenne – Verstand, ja weiß, dass Albert Einstein ein Genie war, machen sich auch viele Leute über diese Worte Gedanken, die sie als Blödsinn abtun würden, wenn sie jemand wie ich gesagt hätte.

Ich habe in den letzten Jahren sehr viel gelesen, einige Leute kennengelernt und viele Erfahrungen gemacht, die dazu beigetragen haben, dass ich immer mehr auf meinen jetzigen Weg gefunden habe. Die Worte von Albert Einstein treffen aber den Nagel auf den Kopf. Wenn wir unseren Verstand einfach einmal in die Schranken verweisen und ihn da, wo er sinnvoll ist, einsetzen und dort, wo er stört, abschalten und unser „heiliges Geschenk", den intuitiven Geist nutzen, dann kann jeder bestimmen, wo die Reise seines Lebens ihn hinführt.

Die Regeln

Viele haben den Eindruck, dass alles, was ihnen geschieht, mehr oder weniger zufällig passiert und dass einige eben Glück haben und andere eben Pech.

Ich sage Ihnen, dass es weder Zufälle, noch Glück oder Pech gibt. Alles, was uns passiert, wird durch uns selbst verursacht – durch unsere Wünsche, Ängste und Überzeugungen.

Mittlerweile gibt es sehr viele Menschen, die über das gleiche Thema wie ich reden und schreiben. Wenn man sich die verschiedenen Bücher und Vorträge aber durchliest bzw. anhört, ist den meisten gemeinsam, dass jeder Mensch es selbst in der Hand hat, was mit ihm und seinem Leben passiert.

Und dass jeder Mensch das geliefert bekommt, was er aussendet. Wenn ich mir etwas mit Freude wünsche und überzeugt bin, es zu bekommen und mich wirklich darauf freue, kommt es schneller zu mir, als ich schauen kann. Genauso kommt aber auch das zu mir, wovor ich mich fürchte und überzeugt bin, es zu bekommen. Ob dies nun Gesundheit oder Krankheit ist, Reichtum oder Armut, Liebe oder Hass – es ist immer so.

Es gibt ein Gesetz, welches sich hinter diesen universellen Regeln verbirgt. Dieses wird oft als das Gesetz der Anziehung bezeichnet. Sie können jede Menge Bücher darüber lesen, aber das

Prinzip ist wirklich *absolut* einfach: „Wie es in den Wald hineinruft, so schallt es zurück", um es mit einem alten Sprichwort auszusprechen.

Wenn ich Freude aussende, kommt Freude zu mir zurück. Ich bin sicher, dass jeder von Ihnen das schon in der ein oder anderen Form selbst erlebt hat.

Ein einfaches Beispiel:

Wenn Sie auf jemand Fremden freundlich und nett zugehen, wird er auch freundlich und nett reagieren. Wenn Sie auf jemanden freundlich und nett zugehen, jedoch Angst haben, wie er reagieren könnte, stehen die Chancen nur noch 50:50, dass er/sie freundlich und nett reagiert.

Wenn Sie auf jemand Fremden freundlich und nett zugehen und erwarten, dass er negativ reagieren wird, dann stehen die Chancen ebenfalls 50:50, dass er/sie freundlich und nett reagiert.

Und wenn Sie auf jemand Fremden freundlich und nett zugehen und dann Angst haben und erwarten, dass er/sie negativ reagiert, wird die Person zu 100% negativ reagieren.

Und genauso können Sie das Spiel herumdrehen. Wenn Sie gereizt und genervt auf andere zugehen, reagieren diese meist nicht gerade begeistert. Wenn Sie dann aber auf jemanden stoßen, der absolut gut drauf ist, kann es passieren, dass das auch Ihre Stimmung verändert, weil Sie sich plötzlich bewusst werden, dass Sie nicht gut drauf sind.

Ich bestimme die Richtung

Womit wir auch schon bei einem weiteren wichtigen Punkt sind. Sie können jederzeit die Richtung, in die Sie sich bewegen, ändern. Es ist allein Ihre Entscheidung, wenn Sie mies drauf sind, weiter mies drauf zu sein oder die Richtung zu ändern und besser drauf zu sein. Das Problem bei den meisten von uns ist einfach, dass sie unbewusst in den Tag hineinleben und lediglich auf die Dinge, Ereignisse und Menschen reagieren, mit denen sie konfrontiert werden, anstatt ihren Tag selbst aktiv und bewusst zu bestimmen.

An dieser Stelle habe ich schon viele Leute erlebt, die behaupten dann, dass es so einfach nicht sei, denn wenn alle in ihrem Umfeld mies drauf sind, dann wären doch die mit Schuld, dass es so ist.

Ich kann dazu nur sagen, dass es definitiv so ist, dass *Sie* allein dafür verantwortlich sind, was Sie tun, wie Sie gelaunt sind und was Sie bekommen. *Nur Sie!* Sonst *niemand.*

Auch wenn 100 Leute um mich herum mies drauf sind, kann ich mich dazu entscheiden, gut drauf zu sein. Ich kann an etwas Schönes und Gutes denken und dadurch meine Stimmung verbessern.

Ich behaupte nicht, dass es die Sache einfacher macht, wenn 100 miesgelaunte Menschen um mich herum sind. Im Gegenteil. Wenn 100 Leute um mich herum sind, die alle gut drauf sind, fällt es mir durchaus leichter, ebenfalls gut drauf zu sein. Aber es ist eben nur eine Hilfe.

Das Wichtigste im Überblick:

Ich selbst bin für alles verantwortlich, was in meinem Leben passiert. Ich selbst kann jederzeit die Richtung, in die ich weitergehe, selbst bestimmen. Wenn ich mir etwas wünsche und mein Verstand zweifelt an der Erfüllung, wird es sich auch nicht erfüllen.

Wir akzeptieren Negatives schneller als Positives. Das müssen wir ändern.

Die erste Regel lautet: Wünsch‘ dir was!

Die zweite Regel lautet: Sei überzeugt, dass du es bekommst und lass den Wunsch los!

Die dritte Regel lautet: Konzentriere dich auf das Gute und erwarte die Erfüllung!

Und genauso sieht es mit allem anderen aus.

Selbsterkenntnis

Wenn ich z.B. Schulden habe, dann habe ich diese Schulden beigezogen. Niemand kann etwas dafür, außer ich selbst.

Leider ist das etwas, was viele Menschen nur schwer verstehen können bzw. wollen. Wir neigen dazu, immer anderen die Schuld an unserem Unglück zu geben. Einige sagen dann, dass sie doch absolut unverschuldet in die Schuldenfalle getappt sind. Aber das Gesetz der Anziehung irrt sich nicht. Es funktioniert – wie auch alle anderen Naturgesetze – immer und bei jedem – oder haben Sie schon einmal Menschen gesehen, bei denen die Schwerkraft immer mittwochs um 12 Uhr 15 aussetzt?

Die universellen Regeln funktionieren immer und wenn jemand Schulden hat, dann kommt es daher, dass er sich diese Schulden gewünscht hat. Bewusst oder unbewusst. Natürlich setzt sich kaum jemand hin und sagt: „Oh bitte, lieber Gott/Allah/Universum/was auch immer, schicke mir ganz viele Rechnungen, damit ich ganz viele Schulden auftürmen kann."

Es wird wohl auch kaum jemand dasitzen und sagen: „Ich wünsche mir, dass die Arztsoftware, die ich übernommen habe, ein so großes Problem beinhaltet, damit ich 250.000 Euro Schulden bekomme." Das sage ich nicht. Aber die universellen Regeln reagieren auf das, was man aussendet.

Und wenn man Angst davor hat, was die Zukunft bringt und dass man nicht mehr genug Geld hat, um seine Mitarbeiter, die Miete, das Essen, die Heizung oder sonst etwas zu bezahlen und wenn man Angst davor hat, dass die Kunden einen verklagen, weil man bestimmte gesetzliche Regelungen nicht pünktlich in seine Software eingebaut hat oder wenn man Angst hat, dass die Kunden die Wartungsverträge kündigen und das dann auch noch erwartet und überzeugt ist, dass es so kommt, dann besagen die Regeln: „Okay – du hast Angst davor (wünschst dir) Schulden zu haben, also liefere ich dir Schulden."

Genauso habe ich schon mit einigen kranken Menschen gesprochen, die mir dann sagen, ich sei verrückt. Sie hätten sich doch niemals diese furchtbare Krankheit gewünscht.

Und ich sage: Ich habe mir auch keinen Herzinfarkt gewünscht. Jedoch habe ich einen Kollegen, der mir zu Beginn meiner Selbstständigkeit schon erzählt hat, dass er mit 40 seinen ersten Herzinfarkt hatte und dass man aufpassen muss, wenn man selbstständig ist und zu viel arbeitet und sich falsch ernährt. Und genau dasselbe sagen einem sehr viele Menschen (vor allem Ärzte und die müssen es doch wissen, oder?) – bis man es schließlich verinnerlicht und Angst davor bekommt und der Verstand einem dann sehr überzeugend klar macht, dass man auf dem besten Weg zu einem Herzinfarkt ist. Wenn dann auch noch der Vater einer Klassenkameradin des eigenen Kindes plötzlich an einem Herzinfarkt stirbt, ist der Weg zum eigenen Herzinfarkt frei. Man erwartet ihn also regelrecht und was wird einem geliefert? D.h. ich habe mir all diese Krankheiten ebenfalls unbewusst gewünscht und war auch noch überzeugt davon, dass ich sie bekomme – nur deshalb habe ich sie bekommen.

Aber wie schon gesagt, kann glücklicherweise *jeder* jederzeit die Richtung, in die sich sein Leben bewegt, ändern.

Mein Beispiel zeigt dies. Nachdem ich über die universellen Regeln gelesen habe, habe ich mir mein Leben angeschaut und plötzlich die Zusammenhänge erkannt. Ich habe nach und nach erkannt, dass es diese Regeln tatsächlich gibt und wie sie funktionieren.

Da sitzt nirgends jemand und sagt: „Heute hau' ich dem Markus mal wieder auf den Kopf!" Natürlich habe ich auch zunächst etwas gebraucht, bis ich mir eingestanden habe, dass alles, was mir passiert ist und passiert, allein durch mich verursacht wird. Bis dahin habe ich allen möglichen Leuten und Umständen die Schuld gegeben. Die Firma, die mir die Software übergeben hat, hat mich reingelegt, mein damaliger Programmierer hat sich nicht richtig um die Sachen gekümmert, die ganzen Umstände haben zu meinen Krankheiten geführt usw. Aber als ich erkannt habe, dass *ich* allein all diese Dinge zu mir gezogen habe, hatte ich endlich die Macht, auch etwas bewusst zu ändern.

Ich habe aufgehört zu glauben, dass ich nur ein kleiner Korken bin, der auf dem weiten Meer des Lebens zufällig hin und her gespült wird, sondern dass ich das Steuerrad meines Lebens selbst in der Hand halte. Und das ist entscheidend! Nur wenn man ein Problem erkennt und akzeptiert, dass es da ist, kann man es auch lösen. Wenn man sich die Probleme schönredet, werden sie nur immer schlimmer.

Klar wäre alles anders gekommen, wenn z.B. mein ehemaliger Programmierer sich besser und früher um verschiedene Dinge gekümmert hätte. Heute weiß ich, dass er das auch getan hätte, wenn ich andere Signale ausgesendet hätte. Wenn ich nicht voller Angst und Furcht nach vorne geschaut und immer nur das Schlimmste erwartet hätte. Wenn ich anstatt dessen voller Vertrauen und Zuversicht in die Zukunft geschaut hätte, hätten wir eventuell gemeinsam die Sache in eine ganz andere Richtung gelenkt.

Durch diese Einsicht konnte ich aufhören, nur darauf zu hoffen, dass irgendwann ein Wunder geschieht und plötzlich alles gut ist. Endlich konnte ich das Lenkrad selbst in die Hand nehmen.

Ich merkte aber auch gleich, dass es gar nicht so einfach ist, den „guten, alten Verstand“ mit ins Boot zu holen. Wenn man gleich mit richtig „großen“ Dingen anfangen will, bekommt man es direkt mit „Gevatter Verstand“ zu tun, der kommt und sagt „Wie soll das denn gehen?“ oder noch besser „Dreh‘ jetzt bloß nicht durch!“.

Um nun also den Verstand auf seine Seite zu ziehen, bietet es sich an, dass man mit vermeintlich kleinen Dingen anfängt und damit dem Verstand klar macht, dass er im Grunde gar keine Ahnung hat, wie das Leben funktioniert.

Es geht los ...

Ein beliebtes und in der heutigen Zeit sehr praktisches Beispiel sind Parkplätze. Damit haben schon viele Menschen angefangen und sozusagen geübt. Wobei man heutzutage in einigen Städten sagen muss, dass der Wunsch nach einem guten Parkplatz teilweise schon ein sehr großes Wunder benötigt. Aber nichtsdestotrotz ist der Wunsch nach einem Parkplatz für unseren Verstand etwas, was er eher akzeptiert, als z.B. der Wunsch nach einer Million Euro oder der Wunsch, urplötzlich gesund zu sein, wenn man sterbenskrank ist.

Wir fangen also mit einem Parkplatz an; d.h. wenn ich in die Stadt fahre, wünsche ich mir immer einen freien Parkplatz und zwar genau dort, wo ich auch hin will.

Ich wünsche mir diesen Parkplatz und ich erwarte ihn auch. Ich bin also davon überzeugt, dass genau dort, wo ich hin will, ein Parkplatz vor der Tür frei ist bzw. frei wird, sobald ich komme und ich freue mich darüber schon im Vorfeld.

Wenn Sie das genau so machen und *absolut* überzeugt sind, werden Sie ab sofort immer einen guten Parkplatz bekommen.

Wenn Sie allerdings diesen Wunsch aussprechen oder denken und direkt danach denken: „Na ja – ich bin ja mal gespannt, denn um diese Uhrzeit ist da ja nie etwas frei“ – dann können Sie davon ausgehen, dass Ihr Verstand bestätigt wird, denn es wird kein Parkplatz frei sein!

Lustig daran finde ich, dass der Verstand dann auch noch denkt „hab ich doch gleich gewusst". Vielleicht kennen Sie das ja aus einigen Situationen, wo entweder Ihr Verstand oder der eines anderen Menschen so reagiert hat. Durch diese Bestätigung wird es natürlich immer schwerer, den Verstand zu überzeugen, dass es doch funktioniert.

Aber wie ein anderes altes Sprichwort so schön sagt: „Es ist noch kein Meister vom Himmel gefallen."

Üben Sie das und wenn Sie es einmal hinbekommen, wird Ihr Verstand wahrscheinlich sagen: „Na ja – das war Zufall. Das nächste Mal ist bestimmt wieder alles voll."

Und wenn das passiert, erklären Sie ihrem Verstand direkt, dass er nun wirklich keine Ahnung vom Wünschen hat und sich doch gefälligst heraushalten soll, wenn Sie sich etwas wünschen.

Auch wenn das für viele verrückt klingt, mir hilft das immer wieder, weil ich damit meinen Verstand immer besser unter Kontrolle habe und er sich somit immer mehr heraushält, wenn ich mir etwas bewusst wünsche. Er sagt im Laufe der Zeit immer öfter: „Na ja – das letzte Mal hat es ja auch geklappt, warum nicht auch dieses Mal."

Wenn das mit dem Parkplatz bei Ihnen funktioniert, dann sollten Sie verstehen, dass Sie die Macht haben, Ihr Leben komplett zu bestimmen, denn ob Sie sich einen Parkplatz wünschen oder die totale Gesundheit, eine Million Euro, den Traumjob oder den absoluten Traumpartner, spielt überhaupt keine Rolle. Das Prinzip ist immer dasselbe. Die Regeln sind immer gleich.

Wenn Sie immer noch zweifeln, nehmen Sie ein 1-Cent-Stück und werfen es von einem Tisch.

Danach nehmen Sie eine Bowling Kugel und werfen Sie ebenfalls vom Tisch (alternativ können Sie auch den Fernseher oder das Bügeleisen nehmen. Aber *Achtung*: Die Füße!). Sie werden sehen, beides fällt nach unten. Das Gesetz der Schwerkraft funktioniert nämlich auch immer und es ist ihm egal, ob Sie ein 1-Cent-Stück runterwerfen oder eine Bowling Kugel.

Genauso ist es den universellen Regeln egal, ob Sie sich einen Parkplatz oder einen neuen Job wünschen. Sie liefern Ihnen beides – wenn Sie davon überzeugt sind, es zu bekommen.

Doch, Stopp! Hier unterscheiden sich diese Regeln in der Tat von der Schwerkraft – oder? Man muss neben dem Wunsch noch etwas tun … es erwarten und überzeugt sein, dass man es bekommt. Bei der Schwerkraft muss man nichts erwarten. Die Dinge fallen auf jeden Fall auf den Boden.

Meiner Meinung nach unterscheidet es sich aber nicht. Denn wenn Sie nicht überzeugt sind, das zu bekommen, was Sie sich wünschen, sondern sogar noch zweifeln, dann bekommen Sie ebenfalls das, was Sie sich wünschen: Nämlich *nicht* das, was Sie sich ursprünglich gewünscht haben. Stattdessen wird Ihr „Zweifelswunsch“ erfüllt. Es ist diesen Regeln auch egal, ob Sie sie kennen oder nicht oder ob Sie ein guter oder böser Mensch sind.

Wenn Sie Ihrem Verstand klar machen, dass es diese universellen Regeln genauso gibt wie, wie die Schwerkraft, haben Sie es geschafft. Dann können Sie alles erreichen und alles bekommen, was Sie wollen.

Was macht Erfolg aus?

Was mir u.a. dabei geholfen hat und immer wieder hilft, meinem Verstand klar zu machen, dass es diese Regeln gibt und dass sie immer funktionieren, sind erfolgreiche Menschen. Sehen Sie sich wirklich erfolgreiche Menschen an und schauen Sie, was diese getan haben, um so erfolgreich zu sein. Damit meine ich nicht die einzelnen Taten, die jeder von diesen vollbracht hat – diese unterscheiden sich in der Tat erheblich voneinander. Ich meine die Überzeugung. Alle Menschen, die wirklich erfolgreich sind, sind durch die Bank von ihrem Erfolg überzeugt – und zwar meist lange bevor der Erfolg tatsächlich sichtbar ist.

Sie hatten zunächst einen Wunsch, der so stark war, dass er zu einer Vision wurde (s. Vision statt Television) und waren so sehr davon überzeugt, dass dieser Wunsch bzw. die Vision Wirklichkeit wird, bis es soweit war. Die Überzeugung war dabei so stark, dass sie sich von nichts und niemandem beirren ließen.

Hier ein paar Zitate von erfolgreichen Menschen.

John Davison Rockefeller soll z.B. gesagt haben:

„Lieber eine Stunde über Geld nachdenken, als eine Stunde für Geld arbeiten"

„Wer den ganzen Tag arbeitet, hat keine Zeit, Geld zu verdienen"

„Ich habe immer versucht, jedes Problem in eine Möglichkeit zu verwandeln"

„Wenn dein einziges Ziel ist, reich zu werden, wirst du es niemals erreichen"

Henry Ford hat z.B. gesagt:

„Suche nicht nach Fehlern, suche nach Lösungen"

„Weil Denken die schwerste Arbeit ist, die es gibt, beschäftigen sich auch nur wenige damit"

„Es gibt mehr Leute, die kapitulieren, als solche, die scheitern"

„Probleme sind verkleidete Möglichkeiten"

Vielen dieser Menschen wurde im Vorfeld gesagt, sie seien verrückt oder Träumer, Fantasten oder Spinner. Doch diese Menschen haben sich nicht beirren lassen. Sie haben an ihren Erfolg geglaubt. Sie waren durch und durch überzeugt davon.

Erinnern Sie sich an mein Vorwort?

Zu Zeiten von Copernicus glaubten die „Verstandsmenschen" noch ernsthaft, dass die Erde still steht und alle anderen Gestirne sich um die Erde drehen.

Der Verstand hatte auch plausible Argumente hierfür: „Bei der Bewegung müsste man doch einen Fahrtwind spüren" oder „fallende Gegenstände müssten eine schräge Bahn besitzen".

Auch war es früher ein Fakt, dass die Erde eine Scheibe sei. Wenn sie rund wäre, so sagten die Gelehrten, dann müsste man doch die Wölbung sehen, wenn man eine weite Strecke betrachtet, und alle intelligenten Menschen stimmten ihnen zu, denn dieses Argument schien plausibel.

Genauso interessant sind Aussagen bzgl. der ersten Eisenbahnen, die schneller als 30 km/h fahren konnten. Da gab es hoch angesehene Mediziner, die behaupteten, dass der menschliche Körper eine Geschwindigkeit von mehr als 30 km/h nicht aushalten könnte und untermauerten ihre Aussagen mit allerhand „Fakten".

Wenn man das liest, lachen heutzutage fast alle darüber. Gleichzeitig sagt ihnen aber ihr Verstand, dass sie unmöglich einen Parkplatz bekommen können, nur weil sie sich das wünschen oder dass sie nicht an einer OP vorbeikommen, nur weil sie sich das wünschen ...

Was meinen Sie, wie in hundert Jahren die Leute darüber lachen werden?

Das Wichtigste im Überblick:

Gestehen Sie sich ein, dass alles, was in Ihrem Leben ist und passiert, durch Sie angezogen wird.

Üben Sie das hier Gelernte immer und immer wieder! Nehmen Sie sich die Überzeugung erfolgreicher Menschen als Vorbild. Nichts ist unmöglich! Es gibt keine Grenzen.

Die erste Regel lautet: Wünsch' dir was!

Die zweite Regel lautet: Sei überzeugt, dass du es bekommst und lass den Wunsch los!

Die dritte Regel lautet: Konzentriere dich auf das Gute und erwarte die Erfüllung!

Die vierte Regel lautet: Üben, üben, üben!

Wo ist die Realität? Wo ist sie hin?

An dieser Stelle noch ein Satz zu den sogenannten Realisten. Ich habe schon mit einigen Leuten gesprochen, die sich als Realisten bezeichnen.

Wie schon eingangs erwähnt, kann von mir aus jeder glauben, was er will. Dennoch will ich zu diesem Punkt folgendes sagen: Das menschliche Auge z.B. nimmt nur einen winzigen Bruchteil der derzeit bekannten Strahlen wahr. Ich glaube, unter ein Prozent.

Den größten Teil der Strahlen können wir nicht sehen, wie z.B. Ultraviolett, Infrarot, Röntgen, Gamma, usw.

Ferner muss man wissen, dass wir Menschen cirka 20 Millionen Bits pro Sekunde an Informationen wahrnehmen (d.h. aus diesem bereits sehr stark eingeschränkten Bereich, wobei an manch einer Stelle gar von 400 Milliarden Bits pro Sekunde gesprochen wird – ich denke 20 Millionen sind aber schon eine Menge ...) und von diesen 20 Millionen gerade einmal lächerliche 2.000 Bits pro Sekunde tatsächlich im Gehirn wahrgenommen werden. Und jetzt erklärt mir bitte jemand, was *die* Realität ist? Realität ist das, was wir aus diesem riesigen Pool an Information herausfiltern und im Gehirn interpretieren.

So ist es auch leicht verständlich, dass zehn Menschen, die alle dasselbe Ereignis beobachten, teilweise zehn verschiedene Aussagen dazu treffen. Jeder gibt das Gesehene so wieder, wie er es interpretiert hat. Die 2000 Bits, die er oder sie aus den 20 Millionen pro Sekunde herausgefiltert hat. Und dabei spielen u.a. unsere bereits gemachten Erfahrungen eine sehr große Rolle.

D.h. *die* Realität gibt es gar nicht. Es gibt immer nur unsere ganz persönliche Wahrnehmung.

Ein anderes Beispiel: Nehmen wir dieses Buch hier. Von 100 Menschen, die es lesen, werden mit hoher Wahrscheinlichkeit 100 die Informationen, die sie hier gelesen haben, vollkommen unterschiedlich für sich interpretieren, obwohl alle die gleichen Buchstaben gelesen haben.

Noch besser: Sie selbst! Sie lesen dieses Buch jetzt und ziehen einige wichtige Informationen heraus. Lesen Sie es in einem Jahr erneut und Sie werden staunen, welche Informationen Sie dann aus demselben Buch holen ...!

Innerhalb dieses Jahres lernen Sie so viele neue Dinge und verändern dadurch Ihre persönliche Sichtweise dermaßen, dass Sie plötzlich ganz andere 2000 Bits pro Sekunde wahrnehmen, wenn Sie dieses Buch lesen.

Wenn ich also in eine bestimmte Situation gerate, ist es gar nicht entscheidend, um welche Situation es sich handelt, sondern wie ich damit umgehe.

Auch hier wieder ein Beispiel aus meiner Vergangenheit:

Anfang 1996 arbeitete ich noch in einem Maschinenbau-Unternehmen und hatte eine 35-Stunden-Woche. Die Probleme dort beschränkten sich auf einige Benutzerprobleme und ein wenig Programmierung. Ich hatte also einen relativ ruhigen Job.

Allerdings hatte ich einen Vorgesetzten, der von IT nicht viel Ahnung hatte und immer wieder einige Entscheidungen traf, die für mich jeglicher Logik entbehrten. Aus irgendwelchen Gründen konnte er mich nicht wirklich leiden (ich nehme an, dass er Angst vor mir hatte, weil ich ihm fachlich überlegen war, obwohl ich noch so jung war) und blockierte meine Weiterentwicklung an einigen Stellen. Dadurch habe ich diese Situation seinerzeit als Stress empfunden. Ich habe mich so aufgeregt und hineingesteigert, dass ich 68 Gallensteine bekam und operiert werden musste.

Aus heutiger Sicht muss ich sagen, „war dieser Job der reinste Urlaub". Wenn ich bedenke, was ich in den letzten zwölf Jahren für Wochenarbeitszeiten hatte und wie viele Menschen mich tagtäglich genervt haben, ist die damalige Situation einfach nur lächerlich. Nur wusste ich das damals noch nicht und habe deshalb meine Realität so wahrgenommen.

D.h. wir müssen akzeptieren, dass jeder Mensch die Dinge anders wahrnimmt – ja sogar wir selbst nehmen die Dinge unterschiedlich wahr – je nachdem, aus welcher Situation bzw. Perspektive wir sie betrachten. Dem einen gefällt ein bestimmtes Bild, Musikstück, Auto und dem anderen nicht. Wer hat recht? Beide. Wir sind auf einem Planeten, wo es so viele unterschiedliche Wesen mit so viel unterschiedlichen Ideen und Geschmäckern gibt – und das ist gut so.

Also fassen wir einmal zusammen:

Jeder Mensch bekommt ausnahmslos das, was er sich wünscht und was er erwartet bzw. wovon er überzeugt ist, es zu bekommen.

Dies funktioniert sowohl mit den bewussten Wünschen, die meist sehr gut und positiv sind, als auch mit den unbewussten Wünschen, die meist eher negativ sind bzw. unsere bewussten Wünsche blockieren.

Entscheidend ist, dass man davon überzeugt ist, dass der Wunsch/die Angst sich erfüllt.

Wenn das so einfach ist, warum macht es dann nicht schon längst jeder?

Wir sind Blinde, die nicht hören wollen

Das ist in der Tat eine sehr gute Frage und ich habe da so meine eigenen Theorien.

Prinzipiell kann man sagen, dass es schon sehr lange Menschen gibt, die versucht haben, auch der breiten Masse diese Regeln näherzubringen, z.B. gibt es in allen möglichen Religionen massenweise Beispiele dafür.

Einer der ersten, bei dem ich darauf gestoßen bin, ist der chinesische Philosoph Lao-Tse, der vor ungefähr 2.600 Jahren gelebt hat. Er hat in seiner Schrift Tao te King bereits sehr viel von den universellen Regeln gesprochen, wenn er z.B. sagt: „*Was ist ein wahres Geheimnis? Etwas, das für jeden offen daliegt – und der eine erkennt es, der andere jedoch nicht.*" Wir erinnern uns an die 2.000 Bits … !

„*Wer nicht genügend vertraut, wird kein Vertrauen finden.*"

„Der große Weg ist sehr einfach, aber die Menschen lieben die Umwege."

„Die Leute scheitern gewöhnlich kurz vor dem Erfolg. Widme also dem Ende so viel Sorge wie dem Anfang, dann gibt es kein Scheitern."

„Erhoffst du Erfüllung von anderen, wirst du nie wahre Fülle erlangen."

„Handle, bevor die Dinge da sind. Ordne sie, bevor die Verwirrung beginnt."

„Sorge dich um den Beifall der Leute und du wirst ihr Gefangener sein."

Im gleichen Erdteil und zu einer ähnlichen Zeit, nämlich vor rund 2.500 Jahren, sagte Buddha: *„Ganz gleich, wie beschwerlich das Gestern war, stets kannst du im Heute von Neuem beginnen"*

„Du bist nicht auf der Erde, um unglücklich zu werden. Doch Glück ist allein der innere Friede. Lern ihn finden. Du kannst es. Überwinde dich selbst und du wirst die Welt überwinden."

Und mein Lieblingsspruch von ihm, weil er genau diese Regeln wiedergibt, ist: *„Das, was du heute denkst, wirst du morgen sein"*

Der wohl berühmteste Mensch in unseren Breitengraden, der diese Regeln nicht nur verstanden, sondern vollkommen verinnerlicht hat, ist meiner Meinung nach Jesus Christus.

Im neuen Testament stehen wirklich unzählige Hinweise.

Hier ein paar Beispiele:

„Alles, was ihr erbittet in eurem Gebet, glaubet nur, dass ihr's empfanget, so wird's euch werden"

Markus Evangelium, Kapitel 11, Vers 24 und Matthäus, Kapitel 21, Vers 22

„Bittet, so wird euch gegeben; suchet, so werdet ihr finden, klopfet an, so wird euch aufgetan. Denn wer da bittet, der empfängt; und wer da sucht, der findet; und wer da anklopft, dem wird aufgetan."

Matthäus, Kapitel 7, Vers 7 und 8

„Irret euch nicht! Gott lässt sich nicht spotten. Denn was der Mensch sät, das wird er ernten."

Galater, Kapitel 6, Vers 7

„Die Frucht aber des Geistes ist Liebe, Freude, Friede, Geduld, Freundlichkeit, Gütigkeit, Glaube, Sanftmut, Keuschheit."

Galater, Kapitel 5, Vers 22

„Ein guter Baum kann nicht arge Früchte bringen, und ein fauler Baum kann nicht gute Früchte bringen."

Matthäus, Kapitel 7, Vers 18

„Seid fröhlich in Hoffnung, geduldig in Trübsal, haltet am Gebet."

Römer, Kapitel 12, Vers 12

„Denn das Reich Gottes ist nicht Essen und Trinken, sondern Gerechtigkeit und Friede und Freude in dem Heiligen Geiste."

Römer, Kapitel 14, Vers 17

„Und das Gebet des Glaubens wird dem Kranken helfen, und der Herr wird ihn aufrichten; und so er hat Sünden getan, werden sie ihm vergeben sein."

Jakobus, Kapitel 5, Vers 15

„Nun aber bleibt Glaube, Hoffnung, Liebe, diese drei; aber die Liebe ist die größte unter ihnen."

Korinther, Kapitel 13, Vers 13

„Und Jesus sprach zu ihm: Sei sehend! Dein Glaube hat dir geholfen."

Lukas, Kapitel 18, Vers 42

„Und er sprach zu ihm: Stehe auf, gehe hin; dein Glaube hat dir geholfen.“

Lukas, Kapitel 17, Vers 19

„Da aber Jesus das hörte, antwortete er ihm und sprach: Fürchte dich nicht, glaube nur, so wird sie gesund!“

Lukas, Kapitel 8, Vers 50

„Denn so ihr den Menschen ihre Fehler vergebet, so wird euch euer himmlischer Vater auch vergeben. Wo ihr aber den Menschen ihre Fehler nicht vergebet, so wird euch euer Vater eure Fehler auch nicht vergeben.“

Matthäus, Kapitel 6, Vers 14 und 15

„Da sprach Jesus zu ihm: Stecke das Schwert an seinen Ort! Denn wer das Schwert nimmt, der soll durchs Schwert umkommen.“

Matthäus, Kapitel 26, Vers 52

Das Problem ist, dass die Menschen diese immer wieder falsch interpretiert bzw. einfach ignoriert haben.

Ein weiteres Problem der Menschheit sind die vielen verschiedenen Begriffe, die man im Laufe der Zeit für die gleichen Dinge erfunden hat. Eigentlich sprechen alle vom Gleichen, aber niemand versteht es. Eigentlich ist alles ganz einfach, aber wir bzw. unser Verstand machen alles so kompliziert.

Früher dachte ich immer, das wäre nur im Computerbereich so. Mittlerweile weiß ich, dass die Menschen in wirklich jedem Bereich alles verkomplizieren ohne Ende. Wenn man aber bedenkt, was Jesus alles getan hat, dann kann es nur so sein, dass er durch und durch überzeugt war, dass man alles tun kann, was man sich wünscht, so lange man nur vollkommen davon überzeugt ist. Er ging über das Wasser, machte Wasser zu Wein und heilte Unheilbare. Alles Wunder, die jeder von uns bewerkstelligen kann, wenn er nur überzeugt genug wäre.

Meiner Meinung nach ist es auch so, dass es in der Vergangenheit viele Menschen gab, die um diese Regeln wussten, jedoch aus Angst (!) ihre Vormachtstellung zu verlieren, es nicht weitererzählt haben. Man denke nur an die Kirche, die Jahrhunderte lang das Volk in Unwissenheit ließ, indem man z.B. die Bibel nur auf Lateinisch bekam. Etwas, was Jesus mit Sicherheit nicht wollte … Auch das Volk mit Angst vor Gott zu beherrschen, war meiner Meinung nach nicht das, was Jesus vorhatte. Doch durch ihre Angst zogen sie Leute wie Martin Luther herbei, der diese Situation änderte. D.h. durch ihre Angst bekamen sie das Gegenteil von dem, was sie eigentlich wollten.

Unser Problem ist es, dass wir einen so mächtigen Verstand haben. Dieser schickt uns alle möglichen Zweifel, Bedenken und Ängste, wenn wir uns etwas wünschen und somit wird es nichts mit der Erfüllung. Nun könnte man denken, wenn man all das, was Sie hier gelesen haben, weiß und einen lebendigen Beweis kennt, sollte es doch ein Leichtes sein, den eigenen Verstand zu überzeugen, zukünftig nicht mehr zu zweifeln.

Meine Erfahrung hat mir gezeigt, dass dies leider nicht so einfach möglich ist. Wenn man Jahrzehnte lang gelernt hat, was alles nicht geht und unmöglich ist, kann man das scheinbar nicht so ohne weiteres ablegen. Die Überzeugungen sind teilweise sehr tief in uns verwurzelt.

Aber halt – ich mache gerade etwas, was es Ihnen noch weiter erschweren wird, Ihre Wünsche zukünftig einfach und schnell zu erfüllen – merken Sie es?

Ich pflanze gerade einen weiteren Zweifel in *Ihren* Verstand.

Wenn Sie von mir hören, dass es nicht so einfach ist, den eigenen Verstand zu überzeugen und das evtl. noch von anderen hören, wird Ihr Verstand sofort hellhörig und Ihnen suggerieren, dass es auch für Sie nicht so einfach sein wird ...

Nun denn – dieses Risiko gehe ich ein, in der Absicht, diese Zweifel direkt wieder aus dem Weg zu räumen. Wenn Sie sich selbst und damit vor allem Ihren Verstand davon überzeugen können, dass es ganz schnell geht, die Überzeugung zu verinnerlichen, dass Sie alles tun und haben können, was Sie möchten, dann tun Sie das!!! Ich beglückwünsche Sie dazu und freue mich ganz aufrichtig mit Ihnen.

Eventuell genügt es Ihrem Verstand ja, dass Sie meine Erfahrungen als Beweis haben. Wenn Sie noch weitere Personen kennen, bei denen das funktioniert hat oder gar eigene Beispiele aus der Vergangenheit finden, haben Sie noch mehr Beweise und Ihr Verstand glaubt sofort, dass es stimmt.

Sollten Sie dies aber nicht gleich schaffen, zeige ich Ihnen nun ein paar Tipps, wie andere Menschen und auch ich es immer wieder geschafft haben, den Verstand zu überzeugen, endlich still zu sein und die Dinge gewähren zu lassen.

Vorweg sei aber gesagt, dass man all das selbst immer wieder üben sollte. Denn:

„Geringes Wissen, das tatkräftig angewendet wird, ist unendlich mehr wert, als großes Wissen, das brachliegt“

Zitat von Khalil Gibran (Maler, Philosoph und Dichter)

Das Unterbewusstsein formatieren

Im Endeffekt ist es doch so, dass Sie hier etwas völlig neues lernen. Und richtiges Lernen geschieht nur durch Anwendung – nicht durch reines Zuhören oder Lesen. Stellen Sie sich vor, ich würde Ihnen verraten, wie man kocht und Sie würden einige Bücher darüber lesen, hätten aber noch nie selbst gekocht und sollen nun aus dem Stand ein großes Abendessen für 20 Personen zubereiten ...

Ein ganz wichtiger Tipp, den Sie auch in vielen anderen Büchern lesen können, ist, den Verstand gänzlich zur Ruhe zu bringen. Am Besten können die meisten dies in der Meditation, wobei es auch hier wieder die verschiedensten Formen gibt. Ein anderes Beispiel ist Tai Chi, welches mir immer wieder hilft, den Verstand in seine Schranken zu verweisen.

Grundsätzlich habe ich die Erfahrung gemacht, dass es wunderbar funktioniert, wenn man sich zu 100 Prozent auf die Sache konzentriert, die man gerade macht. Das habe ich mir aus der ZEN Lehre „heruntergeladen".

Auch hier ist der Knackpunkt, dass unser Verstand sehr hartnäckig ist und es so gewohnt ist, im Multitasking zu arbeiten, dass selbst das Trinken eines Glases mit Wasser oder das Essen eines Stück Brots zunächst nicht funktioniert, ohne dass der Verstand schon wieder die tollsten Sachen ausheckt.

Konzentrieren Sie sich z.B. auf Ihre Atmung und halten Sie das mal fünf Minuten durch! Sie denken an nichts – nur ans Atmen. Einatmen – ausatmen. Fünf Minuten lang. Anschließend schreiben Sie auf, an was Sie alles gedacht haben. Sie können anfangs ganze Bücher damit füllen.

Zur Auflockerung werden wir aber genau das nun einmal machen. Entspannen Sie sich! Wenn Sie möchten, schließen Sie die Augen! Keine Angst – sollten Sie einschlafen, werde ich Sie wieder wecken. ☺ Sicherheitshalber können Sie sich ja einen Wecker oder eine Eieruhr stellen, damit Sie nicht wirklich einschlafen.

Atmen Sie ganz ruhig! Immer wieder ein und aus – ein und aus. Wir machen das jetzt fünf Minuten. Versuchen Sie, Ihren Kopf komplett leer zu bekommen.

Wie gesagt funktioniert jeder Mensch anders – deshalb ist die Konzentration auf die Atmung nur ein Tipp, wie man den Verstand endlich einmal zur Ruhe bekommt. Wenn Sie bereits andere Mittel und Wege gefunden haben, Ihren Verstand einmal „herunterzufahren", dann wenden Sie diese nun an.

Ich sehe z.B. immer ein blaues Licht, wenn ich die Augen schließe und meinen Verstand stoppe. Dann konzentriere ich mich auf dieses blaue Licht und schon ist Ruhe im Kopf.

Fünf Minuten später ...

Nun denn. Die fünf Minuten sind vorbei. Sie dürfen und sollten den Verstand wieder einschalten!

Wie war es? Also – der Verstand muss zur Ruhe gebracht werden. Das ist ein sehr wichtiger Punkt. Zumindest muss er aufhören, Zweifel zu streuen, wenn Sie sich etwas wünschen.

Wenn Sie sich z.B. einen neuen Job oder eine Beförderung wünschen, dann darf der Verstand nicht direkt mit Dingen wie „Da gibt es so viele, die besser sind als ich" oder „wenn ich jetzt die Firma wechsle, wer weiß, wie lange es die neue Firma dann noch gibt" kommen. Noch besser ist es, wenn der Verstand dann auch gleich noch Gegenargumente für den Wunsch liefert, wie im Job-Beispiel „Wenn ich mehr Geld bekomme, muss ich vielleicht mehr Steuern/ Krankenkassenbeitrag zahlen und habe unterm Strich weniger" – ein Beispiel von meinem Verstand.

Wer solche Sachen im Kopf hat, muss sich nicht wundern, wenn es mit dem neuen Job oder der Beförderung nichts wird.

Wenn Sie den Job wirklich wollen, muss Ihr Verstand direkt loslegen mit Argumenten wie „Ich bin so gut, dass ich den Job auf jeden Fall bekomme" oder „nach allem was ich geleistet habe, ist es jetzt Zeit für die Beförderung".

Doch was ist, wenn das nicht reicht? Wenn Sie sich den Job wünschen und positiv denken und Sie ihn trotzdem nicht bekommen?

Wie ich schon mehrfach angesprochen habe, müssen Sie das, was Sie sich wünschen, auch erwarten.

Um noch einmal auf mein Parkplatz-Beispiel zurückzukommen – es ist so ähnlich wie wenn Sie ins Parkhaus fahren und an der Schranke auf den Knopf drücken. Da erwarten Sie auch ganz selbstverständlich, dass ein Ticket ausgeworfen wird.

Ich denke, nur die wenigsten Menschen drücken auf diesen Knopf und erwarten dann, dass sie nass gespritzt werden und plötzlich Frank Elstner vor ihnen steht und „Verstehen Sie Spaß?" ruft.

So selbstverständlich, wie Sie am Parkhaus erwarten, dass ein Ticket ausgeworfen wird, müssen Sie auch die Erfüllung Ihres Wunsches erwarten.

Sie *wissen*, dass es die universellen Regeln gibt und dass sie *immer* funktionieren. Da Sie sich etwas gewünscht haben und überzeugt sind, dass Ihr Wunsch erfüllt wird, können Sie auch ganz selbstverständlich erwarten, dass er erfüllt wird.

WIE, WO, WAS?

An dieser Stelle gibt es bei sehr vielen Menschen das Problem, dass sie sich gleich fragen: *Ja, aber wie soll das denn gehen? Wie soll ich denn einen neuen Job finden?*

Und damit kommen wir zu einem sehr, sehr wichtigen Punkt. Die Frage nach dem *Wie*.

Ich sage Ihnen gleich vorweg: *Wie* ein Wunsch erfüllt wird, spielt doch überhaupt keine Rolle. Wenn Sie sich einen neuen Job wünschen, ist es doch egal, ob Sie diesen bekommen, weil Sie sich auf eine Stellenanzeige bewerben oder weil Ihr Onkel, mit dem Sie seit 15 Jahren kein Wort mehr geredet haben, „zufällig" im Supermarkt Ihren Einkaufswagen umrennt und im anschließenden Gespräch dann verkündet, dass es in seiner Firma „zufällig" gerade Ihren Traumjob gibt und die dort dringend jemanden mit genau Ihren Qualifikationen brauchen.

Aber hier kommt wieder unser lieber Verstand ins Spiel. Er schaltet sich direkt ein und sagt: Um heutzutage einen Job zu bekommen, *musst* du mindestens 1000 Bewerbungen schreiben und 999 Absagen hinnehmen. Der Verstand macht sich Gedanken, was man nach der 500sten Absage noch alles tun und machen könnte, um endlich den geliebten Job zu bekommen. Der Bruder und die Schwester haben auch keinen bekommen und die sind doch besser als ich. Der Nachbar sucht auch schon seit Monaten und findet einfach nichts ...

Und genau hier sind wir wieder an dem Punkt, wo wir unserem Verstand klar machen müssen, dass er sich einfach mal zurückhalten soll und die Dinge ihren Lauf nehmen lassen soll (machen Sie sich immer wieder den Spruch von Albert Einstein bewusst!).

Ich sehe die Sache so: Der Verstand ist gut im Analysieren von Dingen und Geschehnissen, die uns (oder anderen) bereits passiert sind. Er weiß aber beim besten Willen nicht, was zukünftig alles passiert. Er geht nur von Wahrscheinlichkeiten aus.

Hierzu wieder eine kleine Geschichte, die meiner Frau und mir passiert ist ...

Wir sind ins Auto gestiegen, um in ein bekanntes schwedisches Möbelhaus zu fahren, welches von Worms ein kleines Stück entfernt liegt. Man muss noch wissen, dass wir an dem Tag nur wenig Zeit hatten.

An der dritten Ampelkreuzung fragt meine Frau plötzlich, wo ich denn hinfahren würde und ich sagte: ‚Ich weiß es auch nicht.' Irgendwie hatte ich das Gefühl, über die Rheinbrücke und nach Lampertheim zu fahren, anstatt die kürzere und schnellere Strecke über Ludwigshafen zu nehmen. Also bin ich abgebogen, um auf die Bundesstraße Richtung Ludwigshafen zu fahren.

Keine zwei Kreuzungen weiter fragt meine Frau wieder, wo ich eigentlich rumfahren würde und dass wir doch keine Zeit hätten

– und in der Tat bin ich ganz unbewusst wieder so abgebogen, dass wir Richtung Rheinbrücke fuhren. Abermals änderte ich den Kurs und wir sind auf der Bundesstraße Richtung Ludwigshafen in unsere erste Vollsperrung gekommen. Ungefähr 30 Autos vor uns ist ein Transporter gegen eine Brücke gefahren und nichts ging mehr.

In dem Moment wusste ich, warum ich über die Rheinbrücke wollte. Nur mein ach so schlauer Verstand (und sein bester Freund – der Verstand meiner Frau) wollte ja unbedingt die „schnellere" Strecke nehmen. Wer weiß, was passiert wäre, wenn ich gleich die Bundesstraße genommen hätte und wir ein paar Autos weiter vorne gewesen wären?!?

Dieses Beispiel zeigte mir sehr eindrucksvoll, dass der Verstand wirklich überhaupt keine Ahnung hat von dem, was noch kommt. Er weiß lediglich, dass „normalerweise" die Strecke über die Bundesstraße schneller ist. Unser sogenanntes Bauchgefühl weiß aber wesentlich mehr. Dieses Bauchgefühl (oder wie Albert Einstein sagte: der intuitive Geist), auf welches sich so viele Menschen glücklicherweise immer wieder verlassen, hat schon zahlreiche Leben gerettet und viele gute Geschäftsabschlüsse in die Wege geleitet, die laut Verstand niemals zustandegekommen wären.

Durch dieses Bauchgefühl sind Menschen wie Columbus gegen jeden Verstand westwärts Richtung Indien gesegelt, weil sie einfach wussten bzw. fühlten, dass sie recht hatten.

Um zu unserem Job-Beispiel zurückzukommen: Der Verstand kennt nur bestimmte Dinge, mit denen man zu einem neuen Job kommt. Er kann nicht ahnen, dass der o.g. Onkel im Supermarkt den Einkaufswagen umrennt und dadurch dieses Gespräch entsteht, aus welchem der neue Job hervorgeht. Durch das Aussenden unseres Wunsches, unsere Überzeugung, dass er erfüllt wird, und unsere Erwartung werden diese Ereignisse eingeleitet, die dazu führen, dass wir zur richtigen Zeit am richtigen Ort sind.

Allerdings muss man auf dieses Bauchgefühl oder die innere Stimme, wie es viele nennen, hören. Wenn diese einem sagt, geh *jetzt* in den Supermarkt einkaufen, sollte man das auch tun. Wenn man nämlich in dem Moment denkt: Ach nö – ich geh lieber morgen, dann wird es nichts mit der Wunscherfüllung. Und um diese innere Stimme besser und öfter hören zu können, sollte man wiederum Übungen machen, die den Verstand „herunterfahren", wie z.B. die Atem-Übung weiter oben.

Das Wichtigste im Überblick:

Realität ist, was Sie daraus machen. *Die* Realität gibt es nicht. Schon seit Jahrtausenden versuchen Menschen, uns allen diese universellen Regeln näherzubringen. Wir hören bzw. sehen nur nicht genau hin.

Eigentlich ist alles ganz einfach. Nur unser Verstand macht alles so kompliziert. Deshalb sollten wir den Verstand zur Ruhe bringen. Wir müssen auf unser Bauchgefühl/intuitiven Geist/innere Stimme hören. Sie weiß, was gut für uns ist. Wie unsere Wünsche erfüllt werden, ist unwichtig.

Die erste Regel lautet: Wünsch' dir was!

Die zweite Regel lautet: Sei überzeugt, dass du es bekommst und lass den Wunsch los!

Die dritte Regel lautet: Konzentriere dich auf das Gute und erwarte die Erfüllung!

Die vierte Regel lautet: Üben, üben, üben!

Die fünfte Regel lautet: Bringe deinen Verstand zur Ruhe und höre auf deine innere Stimme!

Wer steckt dahinter?

Wenn Sie mich jetzt fragen, wer das alles arrangiert, kann ich Ihnen nur sagen, dass es die gleichen Kräfte/Mächte/Wesen sind, die auch uns geschaffen haben und dafür sorgen, dass unser Herz schlägt. Nennen Sie es Gott, Allah, das Universum, den universellen Geist, Engel, die Macht oder wie auch immer.

Letzten Endes spielt es auch keine Rolle, wer es ist oder wie Sie es nennen. Sie wissen ja auch nicht, wer dafür verantwortlich ist, dass es die Erde gibt und dass Ihr Herz schlägt und Sie atmen können und dennoch atmen Sie den ganzen Tag.

Das ist übrigens ein gutes Argument den Menschen gegenüber, deren Verstand meint, er müsste alles verstehen bzw. es müsste wissenschaftliche Beweise geben, bevor sie an etwas glauben können. Im Prinzip müssten diese Menschen aufhören zu atmen bzw. ihr Herz anhalten, weil es (zumindest bis jetzt) keinen wissenschaftlichen Beweis gibt, wer oder was letzten Endes das Leben oder das Universum erschaffen hat.

Und an alle Zweifler, die meinen, sie müssten das Ganze erst verstehen, bevor sie es anwenden können, kann ich nur sagen, dass die meisten Menschen, mich eingeschlossen, dann auch kein Auto mehr fahren dürften, oder telefonieren oder Fernsehen oder gar mit einem Computer arbeiten, da die meisten Menschen definitiv nicht wissen, wie all diese Dinge im Detail funktionieren, sie aber dennoch anwenden – oder wie viele Anwender kennen Sie, die den Quellcode der Anwendungen lesen und verstehen können, mit denen sie jeden Tag arbeiten?

Es spielt meiner Meinung nach auch überhaupt keine Rolle, wie das alles im Detail funktioniert und wer dafür verantwortlich ist – wir können uns freuen und diese Regeln einfach zu unserem Vorteil einsetzen.

Da wir Menschen aber allem und jedem einen Namen geben müssen, um darüber zu reden und nachzudenken, werde auch ich einen Namen wählen.

Ich nenne es der Einfachheit und Neutralität halber *die universelle Energie.*

Ich denke, das ist ein Begriff, mit dem kaum jemand ein Problem haben sollte. Ein Grund, warum ich es so nenne, ist, dass ich gemerkt habe, dass das Leben ein einziger Fluss ist. Und da alles Energie ist, will diese immer und überall fließen. Wenn wir sie daran nicht hindern, sondern noch unterstützen, indem wir ihre Regeln befolgen, bekommen wir alles, was wir uns wünschen.

Sie sollten es aber so nennen, wie Sie selbst es möchten und von was Sie überzeugt sind bzw. an was Sie glauben.

Das universelle Wlan

Interessant finde ich, dass sich auch die Wissenschaft immer mehr mit diesem Thema beschäftigt und auch immer mehr herausfindet, wie die o.g. Dinge passieren. Es gibt eben doch zu viele der o.g. Menschen, die erst alles wissenschaftlich verstehen müssen.

Fakt ist, dass alles, was wir kennen, letzten Endes aus Energie besteht. D.h. dieses Buch hier besteht genauso aus Energie, wie Sie oder ich. Die Energie hat sich nur auf eine andere Art und Weise manifestiert. Auch unsere Gedanken und Gefühle sind nichts weiter als Energie. Weiter ist mittlerweile bekannt, dass jede Form von Energie in einer bestimmten Frequenz schwingt.

Wenn nun aber alles und jeder aus Energie besteht und diese Energie auf bestimmten Frequenzen schwingt, dann ist es logisch, dass wir mit bestimmten Gedanken und Gefühlen auch bestimmte Schwingungen aussenden. Diese Schwingungen werden „irgendwo" empfangen und verarbeitet. Die universelle Energie sorgt nun dafür, dass wir andere Energie, die auf derselben Frequenz schwingt, zurückbekommen. Ähnlich wie bei einem WLAN, Radio oder Fernseher ...

Diese anderen Energien können Gedanken sein, die auf einem Gedanken, den wir gerade hatten, aufbauen und diesen ergänzen. Es können aber auch Situationen wie die soeben geschilderte im Supermarkt mit dem Onkel sein.

Da der Onkel gerade in seiner Firma jemanden mit Ihren Qualifikationen sucht, schwingen seine Gedanken auf der gleichen Frequenz wie Ihre Gedanken mit dem Wunsch nach einem neuen Job und so bringt der „universelle WLAN Energie-Verteiler" diese gleichschwingenden Energien zusammen.

Wenn wir nun einen Wunsch haben und unser Verstand irgendwelche Zweifel erschafft, stört er damit die Schwingung unseres ursprünglichen Wunsches und so kann die universelle Energie keine gleichschwingenden Energien finden, die letzten Endes unseren Wunsch erfüllen bzw. sie wird Ihnen Ereignisse liefern, die die Erfüllung Ihres ursprünglichen Wunsches verhindern und statt dessen den Zweifel erfüllen.

Es ist wirklich interessant zu sehen, wie viele Wissenschaftler sich mittlerweile mit diesen Themen sehr ernsthaft beschäftigen und immer mehr verstehen, dass alles ganz einfach ist. Wir Menschen machen alles nur immer so kompliziert – bzw. unser Verstand.

Ich bin überzeugt, dass die Menschheit im Moment an einem Wendepunkt steht und durch die Erkenntnisse über diese universellen Regeln des Erschaffens und deren intensive Bekanntmachung und Nutzung alle derzeit anstehenden Probleme der Welt lösen wird.

So wie die Elektrizität in der Schule erklärt wird, werden zukünftig auch diese Regeln in der ein oder anderen Form den Kindern von klein auf beigebracht, so dass diese sich gar nicht erst mit dem zweifelnden Verstand auseinandersetzen müssen, so wie wir es derzeit noch tun müssen.

Jedoch ist es schon immer so gewesen, dass diejenigen, die mit einem bestimmten Kenntnisstand aufgewachsen sind und diesen verinnerlicht haben, am meisten Probleme mit neuen Erkenntnissen haben. Das war schon so, als die Erde noch eine Scheibe war oder Menschen nicht schneller als 30 Kilometer in der Stunde bewegt werden konnten oder als es eine Mauer gab, die die Welt in zwei Hälften gesplittet hat.

Die Mauer im Kopf

Die Mauer der DDR ist meiner Meinung nach ein sehr gutes Beispiel, denn man sieht, dass auch nach 20 Jahren immer noch eine Mauer in vielen Köpfen steht. Die Generationen, die nach der Wiedervereinigung aufgewachsen sind, können das überhaupt nicht verstehen – es sei denn, sie hören von klein auf aus ihrem Umfeld, wie schön es doch früher war und wie toll es doch wäre, wenn die Mauer noch stünde (übrigens in Ost und West gibt es solche Sprüche). Dann übernehmen sie diese Überzeugung und halten damit die Mauer am Leben. Lustigerweise denken das hauptsächlich Menschen, die von „dem anderen Deutschland“ meist überhaupt keine Ahnung haben und nur vom Hörensagen wissen, wie es im Osten/Westen ist.

Ich selbst habe durch meine Arztsoftware viele Kunden im Osten Deutschlands gehabt und kennen gelernt und kann z.B. sagen, dass die Gastfreundschaft, sowie der Zusammenhalt dort vorbildlich ist. Auch sind die Leute dort im Schnitt wesentlich offener Neuem gegenüber – zumindest die, die ich bisher kennen gelernt habe. Leider musste ich von vielen dort hören, dass dies mit der dortigen Jugend nicht mehr so ist und sich diese denen aus dem Westen angeglichen haben.

So hat nun mal alles seine Vor- und Nachteile.

Bei der Gelegenheit ein weiteres Zitat von Albert Einstein:

„Es ist schwieriger, eine vorgefasste Meinung zu zertrümmern, als ein Atom.“

Genauso ist es.

Von klein auf haben wir gehört, dass wir für alles hart arbeiten müssen. Wenn wir etwas wollen, müssen wir uns anstrengen und auch dann ist es nicht gewährleistet, dass wir es bekommen.

In der Schule wird man sehr schnell mit dem Notendruck konfrontiert und lernt schnell, dass man nur mit gutem Schulabschluss und Studium einen guten Job bekommt.

Nach der Schule/Studium merkt man dann, dass es auch mit guten Noten nicht gerade einfach ist und stellt im Geschäftsleben fest, dass man sich weiter verbiegen muss.

Und dann kommt plötzlich jemand wie ich daher und erzählt einem, dass man sich einfach etwas wünschen kann, daran glaubt, es zu bekommen und schon geschieht es. Das ist für sehr viele Menschen wirklich schwer zu begreifen und viele reagieren – typisch Mensch – mit einer Abwehrreaktion.

Und damit kommen wir zu einer weiteren Herausforderung, die wir meistern sollten, wenn wir unser Leben selbstständig in die Richtung lenken, in die wir wirklich wollen: Unser Umfeld.

Das Umfeld

Wenn Sie das Wissen, welches Sie hier lesen, Ihrem Umfeld kundtun, was meinen Sie, wie viele darauf reagieren werden?

Nicht wenige werden das als „esoterischen Schwachsinn" abtun. Wenn Sie sich aber diese Menschen genauer anschauen, werden Sie in den meisten Fällen feststellen, dass deren Leben nicht gerade in die Richtung läuft, die diese sich eigentlich wünschen. Bei den Ausnahmen stellt man meist schnell fest, dass sie die universellen Regeln ganz unbewusst befolgen und deshalb ihre Erfolge haben. Von daher kann ich jedem nur den Rat geben, sich mit Menschen, die von diesem Wissen nichts wissen wollen, auch fernzuhalten bzw. nicht darüber zu reden.

Warum?

Weil diese Menschen Ihrem Verstand jede Menge Munition für weitere Zweifel geben werden. Sie werden Ihnen Tausende von Gründe nennen, warum sich Ihre Wünsche niemals erfüllen können und Ihr Verstand wird jedes Argument aufsaugen und Ihnen als Zweifel wiederkäuen. Damit zerstört er die Schwingung Ihres Wunsches und er wird sich nicht erfüllen. Und dann werden genau diese Leute sagen: „Siehst du – ich hab's ja gleich gesagt" und werden weiterhin blind durch ihr Leben laufen und sich wundern, warum sie all die schlimmen Dinge bekommen, die sie doch eigentlich gar nicht haben wollen.

Ich fordere Sie hiermit nicht auf, den Kontakt zu solchen Menschen vollkommen abzubrechen. In vielen Fällen würde das bedeuten, dass Sie auswandern müssten und am besten auf eine einsame Insel ziehen sollten.

Nein – vielmehr sollten Sie mit solchen Leuten, zumindest am Anfang Ihrer „Übungen" nicht über dieses Thema reden, sondern Taten für sich reden lassen.

Sie werden sehen, dass gerade diese Menschen dann auf Sie zukommen und Sie ansprechen werden, wenn in Ihrem Leben plötzlich die Dinge viel besser laufen. Wenn Sie plötzlich immer derjenige sind, der den besten Parkplatz bekommt, wenn Sie derjenige sind, der nie krank wird, wenn Sie derjenige sind, der befördert wird, die tolle Frau/den tollen Mann kennen lernt usw..

Durch die Ergebnisse überzeugen Sie jeden. Mit Worten überzeugen Sie kaum jemanden.

Ich selbst habe schon vor zwei Jahren darüber nachgedacht, solch ein Buch zu schreiben und Workshops zu halten. Jedoch habe ich gemerkt, dass ich noch „zu tief drinstecke" und mein damaliger Stand eher die Leute abgeschreckt hätte, als überzeugt. Viele haben gesagt: Wenn das funktioniert – warum bist du dann noch so dick und krank und hast so viele Schulden? Mein Argument, dass ich diese Überzeugungen erst umsetzen muss und noch am Üben bin, hätten sie mit einem Lachen weggeschoben.

Jetzt jedoch kann ich so viele Beispiele nennen und sogar zeigen, dass ich selbst ein überzeugendes Argument dafür bin, dass es diese Regeln gibt und dass wir, wenn wir sie befolgen, alles bekommen und sein können, was wir wollen. Obwohl ich damals wie heute noch am Lernen und Üben bin, glaubt man mir heute eher, weil man einige Dinge direkt sehen kann.

Sie werden dasselbe erleben und durch Ihr Vorbild werden noch mehr Menschen die Spielregeln im „Spiel des Lebens“ verstehen und sich nicht mehr wundern, warum immer nur andere gewinnen.

Wichtig ist auf jeden Fall, dass Sie sich durch nichts von Ihrem Weg abbringen lassen. Denken Sie an die vielen erfolgreichen Menschen, die vor Ihnen auf dieser Welt umherwandelten und auch jetzt parallel zu Ihnen hier sind. Allen gemein ist, dass sie vollkommen von dem, was sie tun, überzeugt sind. Auch wenn es mal nicht so läuft, wie man sich das vielleicht vorgestellt hat.

Das Wichtigste im Überblick:

Machen Sie sich keine Gedanken, wer hinter diesen Regeln steckt. Alles besteht letzten Endes aus Energie, die auf bestimmten Frequenzen schwingt.

Überdenken Sie Ihre vorgefertigten Meinungen und denken Sie bewusster! Reden Sie nicht mit Menschen über die universellen Regeln, die sie nicht hören wollen! Lassen Sie stattdessen Taten sprechen.

Die erste Regel lautet: Wünsch' dir was!

Die zweite Regel lautet: Sei überzeugt, dass du es bekommst und lass den Wunsch los!

Die dritte Regel lautet: Konzentriere dich auf das Gute und erwarte die Erfüllung!

Die vierte Regel lautet: Üben, üben, üben!

Die fünfte Regel lautet: Bringe deinen Verstand zur Ruhe und höre auf deine innere Stimme!

Die sechste Regel lautet: Tue alles, was du tust, bewusst!

Was tun, wenn der Wunsch ein Wunsch bleibt?

Wenn es Ihnen wie mir geht, werden Sie immer wieder erleben, dass einige Wünsche sich nicht bzw. nicht schnell erfüllen. Was tut man dann?

Zunächst sollte man wieder dem guten, alten Verstand gleich klar machen, dass er sich Sprüche wie „ich hab's ja gleich gewusst – die bisherigen Erfolge waren alle nur Zufall" verkneift. Vielmehr sollten Sie überlegen, warum sich Ihr Wunsch (noch) nicht erfüllt hat.

Gibt es vielleicht tief sitzende, innere Überzeugungen, die im Gegensatz zu Ihrem Wunsch stehen?

Ein Beispiel hierfür:

In meiner Kindheit habe ich immer und immer wieder gehört, dass die meisten reichen Leute irgendwie „Dreck am Stecken“ haben. Viele reiche Leute haben andere übers Ohr gehauen oder zumindest deren Eltern haben das getan und sie haben das alles nur geerbt usw. ...

Diese Sprüche haben sich tiefer in mein Unterbewusstsein eingegraben, als ich ursprünglich vermutet hätte und so blockierte diese negative innere Einstellung zu Geld meinen Wunsch nach Reichtum und Fülle lange Zeit.

Ähnlich war es mit der Gesundheit bzw. Krankheiten. Meine Mutter hatte schon immer (zumindest seit ich mich erinnern kann) die wildesten Krankheiten und erzählte mir oft genug, dass wir alles Schlechte von unseren Vorfahren geerbt haben (z.B. meine Zyste, die ich von meiner Großmutter mütterlicherseits vermacht bekommen habe).

Solche verinnerlichten Überzeugungen kann man nur loslassen, indem man das Gegenteil davon verinnerlicht. Man muss es so sehen, wie wenn man in dem dunklen Raum ist, den ich eingangs erwähnt habe. Sie können die Dunkelheit nicht entfernen. Das gleicht dem Versuch der Schildbürger, Licht in Säcken einzufangen und damit das Rathaus ohne Fenster zu erleuchten.

Sie können den Zustand nur ändern, indem Sie das Licht einschalten. Und so ist es mit den Überzeugungen. Sie bekommen die alten Überzeugungen nicht weg, ohne dass Sie sie durch neue ersetzen. Wenn Sie versuchen, mittels des Verstandes die Dinge zu erzwingen, werden Sie immer wieder scheitern. Um etwas in seinem Unterbewusstsein zu speichern, hilft am besten ständige Wiederholung von dem, was man speichern will, sowie die bildliche Vorstellung dessen, was man will.

Ständige Wiederholung, auch Affirmationen oder Gebete genannt, formatieren quasi die unterbewusste Festplatte und speichern neue Daten darauf. Welchen Spruch Sie sich dabei immer und immer wieder sagen, ist vollkommen Ihre Sache. Sie müssen nur – na, wer weiß es? – *richtig!* – überzeugt davon sein und ein gutes Gefühl dabei haben.

Ich z.B. sage mir immer wieder „Ich bin gesund, ich bin fit, ich bin schlank, ich bin reich, ich bin erfolgreich, ich bin glücklich, ich bin fröhlich".

Vor allem, wenn mir wieder einmal irgendetwas durch den Kopf geht, was mir überhaupt nicht dienlich ist, denke ich diesen Spruch bzw. spreche ihn auch aus. Nach spätestens zwei bis drei Wiederholungen fühle ich mich auch wieder besser. Fühle ich mich reich und gesund, fit und glücklich.

Wichtig ist, dass Sie solche Sprüche immer in der Gegenwart formulieren: Ich bin gesund – nicht: Ich werde gesund.

Warum?

Wenn Sie sich einreden, dass Sie gesund *werden*, dann wünschen Sie sich, irgendwann gesund zu werden, was zwangsläufig bedeutet, dass Sie es *jetzt* nicht sind. Also ziehen Sie genau diesen Zustand bei. Sie sind *jetzt* krank und werden gesund – allerdings kann das dann Jahre so weitergehen. Besser ist es doch, wenn Sie jetzt gesund sind.

Ich habe hierzu schon mit einigen Leuten gesprochen, die daraufhin meinten, sie würden sich damit doch selbst belügen und hätten dabei ein schlechtes Gefühl.

Dazu kann ich nur sagen, dass Sie grundsätzlich auf Ihre Gefühle hören sollten, denn die zeigen Ihnen deutlicher als jeder Gedanke, ob Sie etwas tun, was für Sie gut ist oder nicht.

Wenn Sie der Überzeugung sind, dass Sie sich in dem Moment selbst belügen und das nicht gut für Sie ist, versuchen Sie einen anderen Spruch und fühlen in sich hinein, wie der sich anfühlt.

Oder aber – und das ist meiner Meinung nach der bessere Weg – Sie ändern Ihre Überzeugung und fühlen sich in dem Moment, wo Sie den Spruch sagen, auch tatsächlich gesund – umso schneller sind Sie wieder gesund, um bei diesem Beispiel zu bleiben.

Ganz wichtig ist jedoch auch, dass Sie sich selbst zugestehen, dass es auch mal nicht so läuft wie geplant. Wir haben alle unsere guten und unsere schlechten Tage und wenn ein Wunsch sich mal nicht gleich oder schnell erfüllt, dann hat das u.U. auch noch den Grund, dass es noch nicht an der Zeit für die Erfüllung dieses Wunsches ist.

Vision statt Television

Um die „unterbewusste Festplatte“ weiter zu formatieren und den richtigen Inhalt, also den, den wir wirklich wollen, zu speichern, kommt auch das Thema Visualisieren ins Spiel – die Macht der Vorstellung.

Viele von uns und vor allem unseren Kindern haben schon so viel ferngesehen, dass sie gar nicht mehr wissen, wie es ist, sich etwas im Geiste vorzustellen oder zu visualisieren.

In verschiedenen Studien wurde jedoch herausgefunden, dass unser Gehirn nicht zwischen dem, was es gerade erlebt, und dem, an was wir denken, unterscheiden kann.

Als Beispiel wurden Aufnahmen von Gehirnströmen gemacht, bei dem jemand ein bestimmtes Bild gezeigt wurde. Anschließend musste der gleiche Mensch sich dieses Bild vorstellen und die Aufnahmen haben gezeigt, dass die gleichen Regionen im Gehirn tätig wurden, wie bei dem Anschauen des Bildes. D.h. wenn wir an etwas denken und es uns richtig gut vorstellen, ist es für unser Gehirn genauso, wie wenn wir das gerade erleben, woran wir denken.

Ein einfaches, aber sehr deutliches Beispiel ist die männliche Erektion. Hier genügt es (zumindest bei vielen Männern) an bestimmte Dinge zu denken und schon regt sich etwas im unteren Teil des Körpers. So wie in diesem Beispiel funktioniert das aber auch für alles andere. Wenn ich mir z.B. wünsche, auf einer Insel an einem schönen Sandstrand in der Sonne zu liegen und auf das wunderbar warme, klare Wasser hinauszuschauen, während ich massiert werde, dann kann mein Gehirn nicht unterscheiden, ob ich mir das gerade vorstelle oder ob ich es tatsächlich erlebe.

Und wenn ich es mir ganz genau vorstelle, fühle ich auch die gleichen Gefühle, wie wenn dies gerade tatsächlich passieren würde. Und durch diese Mischung sende ich eine sehr starke Energie mit einer bestimmten Schwingung aus und die universellen Regeln sagen: Wunderbar – genau diese Schwingung bekommst du zurück. Und schwuppdiwupp gewinne ich in einem Kreuzworträtsel oder werde von einem Freund angesprochen, ob ich nicht Lust hätte, auf die wunderschöne Insel mitzukommen, auf die er eigentlich mit jemand anderem fliegen wollte, was sich aber kurzfristig geändert hat oder, oder, oder.

Wie gesagt, wie es dann zu uns kommt, soll uns egal sein.

In der Tat habe ich die Erfahrung gemacht, dass sich meine Wünsche schneller und „besser“ realisieren, wenn ich neben der Wunschformulierung mir das Erwünschte auch bildlich vorstelle. Ein schönes Beispiel hierfür ist die Rücknahme des Antrages auf

Insolvenz. Dass der Antragsteller (eine öffentliche Behörde) diesen Antrag zurücknimmt, habe ich mir lange gewünscht. Aber erst als ich mir das Schreiben vom Antragssteller bildlich vorgestellt habe und die Freude empfunden habe, dieses Schreiben in meinen Händen zu halten – immer und immer wieder – ganz detailliert – ist es auch gekommen und ich habe mich gefreut.

Wo sehen Sie sich in einem halben Jahr?

Um bei der Visualisierung zu bleiben, noch eine schöne Übung, die ebenfalls sehr viel dabei helfen kann, seine Wünsche schneller und besser zu realisieren: Stellen Sie sich immer wieder vor, wie Ihr Leben in einem halben Jahr von heute aus betrachtet aussehen soll. Konzentrieren Sie sich dabei (logischerweise) nur auf die Dinge, die Sie sich auch wünschen und machen Sie sich bei dieser Vorstellung keinerlei Gedanken, wie Sie dorthin gelangen. Um das wie, brauchen wir uns ja glücklicherweise nicht zu kümmern.

Stellen Sie sich vor, wie Sie in einem halben Jahr aussehen, wie es Ihnen geht, was Sie gerade tun und was Sie alles erreicht haben. Wenn Sie z.B. jetzt krank sind, stellen Sie sich vor, wie Sie wieder gesund sind und z.B. mit einem Freund oder einer Freundin über Ihre „wundersame" Heilung reden und sich darüber freuen. Wenn

Sie einen Job haben, der Ihnen keinen Spaß macht, stellen Sie sich vor, wie Sie den Beruf ausüben, den Sie schon immer machen wollten. Stellen Sie sich dabei ganz genau vor, wie Sie morgens schon zur Arbeit gehen. Wie fühlt es sich an, den Traumjob zu haben? Je mehr Details Sie in Ihre Vorstellungen einbauen, desto realer wird es für Ihr Gehirn und desto intensivere Schwingungen senden Sie aus. Die universellen Regeln empfangen diese und liefern Ihnen genau das, was Sie bekommen möchten.

Mit dieser Übung können Sie regelrechte Filme in Ihrer Vorstellung drehen und dabei alles genau so gestalten, wie Sie es möchten.

Vergessen Sie aber bei aller Vorstellung nicht, diese Dinge auch zu spüren und sich darüber zu freuen!

FREUDE

Mit der Freude haben wir ein weiteres Hilfsmittel, welches zur Verwirklichung unserer Wünsche massiv beiträgt. Wenn wir uns über das, was wir uns wünschen, freuen, als hätten wir es schon, muss die universelle Energie logischerweise schnellstens dafür sorgen, dass es zu uns fließt.

Leider geht es den meisten von uns jedoch so, dass sie an jeder Ecke Gründe finden, sich zu ärgern. Die einen ärgern sich über das Wetter, die anderen über die Regierung, die nächsten über die Ärzte und wieder andere über Ausländer (übrigens in fast jedem Land ...) und noch andere über all diese Punkte und noch mehr. Ich war auch so jemand. Ich habe mich über alles und jeden geärgert und habe mich ständig gefragt, warum ich kein Glück habe. Warum mir immer mehr furchtbare Ereignisse regelrecht zufliegen und andere das Glück quasi gepachtet haben. Und darüber habe ich mich dann noch mehr geärgert und es kam noch schlimmer usw., usf. Dann habe ich mit anderen darüber gesprochen, denen es genauso erging und wir haben uns dann gemeinsam geärgert (siehe hierzu gemeinsames Erschaffen weiter unten).

Ich kannte damals die Zusammenhänge einfach nicht. Es ist ja auch doof, wenn man ein Spiel spielt, dessen Regeln man nicht kennt. Allerdings ist es noch doofer, wenn man gar nicht weiß, dass es diese Regeln gibt ...

Wenn Sie also in der Situation sind, dass Sie jede Menge Schulden haben, ständig Post und Anrufe Ihrer Gläubiger bekommen, in denen Ihnen mit Gott weiß was gedroht wird, Sie vielleicht auch gerade nicht wissen, wie Sie das Benzin bezahlen sollen, welches Sie brauchen, um zum nächsten Termin zu fahren, der Ihnen evtl. weiteres Geld bringt, brauchen Sie sich nur über all den Reichtum und die Fülle zu freuen, die Sie sich wünschen.

Hmmm – ich sehe da einige nachdenkliche Gesichter ...

Glauben Sie mir – ich kenne die o.g. Situation nur zu gut und ich weiß ebenfalls, dass man in dieser Situation nicht gerade den

Kopf dafür hat, sich über die Fülle und den Reichtum zu freuen, den man sich wünscht, aber noch nicht hat und erst recht keine Ahnung hat, wie dieser zu einem kommen soll.

Aber was soll ich sagen? Genau das muss man schaffen, wenn man aus dieser Situation herauskommen will! Wenn Sie sich in der o.g. Situation hinsetzen und jammern und grübeln, wird die Situation definitiv auch nicht besser. Im Gegenteil – die Regeln werden Ihnen noch mehr liefern, um zu jammern und zu grübeln. *Das* ist Fakt. Und wenn man sich dieses Wissen verinnerlicht, dann muss man einfach das tun, was einem hilft.

Wenn Sie wissen, dass Sie es mit Wünschen, Freuen, Ihrer Vorstellungskraft und Ihrer Überzeugung schaffen, aus dieser und jeder anderen Situation herauszukommen, dann müssen Sie es einfach tun.

Wie? – Das ist eine andere Frage und die Antwort darauf können Sie sich nur selbst geben, da ich nicht weiß, über was Sie sich speziell freuen. Ich kann Ihnen nur Beispiele liefern, wie es andere Menschen und ich selbst immer wieder schaffen, sich zu freuen.

Gründe zur Freude

Der eine freut sich, wenn er ein gutes Buch liest, der andere, wenn er lustige Filme schaut, wieder ein anderer, wenn er Fahrrad fährt und der nächste, wenn er tanzen geht. Manche freuen sich, wenn sie mit ihren Tieren spielen, andere, wenn sie etwas schönes kochen, viele freuen sich, wenn sie einkaufen gehen und wieder andere, wenn sie ein Programm schreiben, was sie schon immer mal schreiben wollten. Stellen Sie sich Situationen und Szenen vor, die Ihnen Freude bringen oder tun Sie etwas, was Ihnen Spaß macht.

Wenn ich z.B. in eine Situation gerate, in der irgendetwas nicht so funktioniert, wie ich es mir vorstelle oder wünsche, dann denke ich ans Disneyland in Paris. Ich finde das wunderschön. Die Atmosphäre dort ist unbeschreiblich. Wie all die Gebäude gebaut sind und mit wie viel Liebe zum Detail die verschiedenen Landschaften gestaltet wurden oder die schöne Musik dort verschafft mir immer wieder ein gutes Gefühl. Also denke ich, wenn ich mich gut fühlen will oder freuen will, an einen Besuch im Disneyland. Ich stelle mir genau vor, wie ich durch den Eingang hineingehe, durch die Unterführung der Eisenbahn auf die Mainstreet USA zu und wie ich auf das wunderschöne Schloss zugehe. Ich stelle mir vor, wie ich bei den Piraten der Karibik bin und wie diese ihr Lied singen und erlebe in diesem Moment ein wundervolles Gefühl. Mein Gehirn kann in diesem Moment nicht unterscheiden, ob ich gerade wirklich dort bin oder ob ich es mir nur vorstelle. Dementsprechend sende ich eine sehr positive Schwingung aus und erhalte positive Dinge und Ereignisse zurück.

Ein noch extremeres Beispiel – gerade in Verbindung mit dem Disneyland – ist, dass ich vor einigen Jahren finanziell (wieder einmal) am Abgrund stand und mein Verstand definitiv nicht mehr wusste, wie es weitergehen soll. Meine Gedanken drehten sich im Kreis und ich war kurz vorm Durchdrehen. Nächtelang konnte ich nicht schlafen, weil mein Verstand glaubte, er müsse unbedingt eine Lösung für das Problem finden. Kurzentschlossen fuhr ich mit meiner Frau und meiner Tochter nach Paris ins Disneyland – mit dem letzten Geld, was wir noch hatten.

Jeder vernünftig denkende Mensch sagt jetzt: Das ist doch verrückt. Und in der Tat haben mir das seinerzeit auch einige im Anschluss gesagt. Aber aus irgendeinem Grund wusste ich: „Das ist jetzt genau das, was wir machen müssen".

Was soll ich sagen?

Damals habe ich den Hintergrund natürlich nicht verstanden, aber nachdem wir wieder zu Hause waren, klingelte das Telefon und aus heiterem Himmel bekam ich den rettenden Auftrag, von dem ich vorher nichts wusste.

Was war geschehen? Im Vorfeld hatte ich mir gewünscht, dass ich irgendeine Lösung finde, damit ich mit meiner Firma weitermachen kann. Ich hatte diesen Wunsch aber durch meinen Verstand blockiert, indem ich immer und immer wieder über das *Wie* nachdachte.

Durch die Fahrt ins Disneyland und das Abschalten dort – ich konnte wirklich alles hinter mir lassen – habe ich unbewusst die Regeln befolgt und mir wurde der Wunsch erfüllt. Allerdings kam tatsächlich „nur" ein Auftrag in der Größenordnung, dass ich weitermachen konnte. Die Rettung war es noch nicht – das hatte ich mir aber auch dummerweise nicht gewünscht ...

Ein weiteres Beispiel, was auch viele Menschen betrifft und viele nicht verstehen, ist das Fitness-Studio. Wenn man, wie ich 2006, einmal dagelegen hat und sich gar nicht mehr bewegen konnte, ist man anschließend so froh und glücklich, dass man sich wieder bewegen kann (und ohne Schmerzen ist man noch glücklicher), dass man viele Dinge, die man vorher als selbstverständlich angesehen hat, nun mit ganz anderen Augen betrachtet. Wenn ich heute z.B. ins Fitness-Studio (oder auch Tanzen) gehe, mache ich mir das jedes Mal bewusst. Ich freue mich dann jedes Mal, dass ich überhaupt in der Lage bin, dies zu tun. Dadurch, dass ich mit Freude meine Übungen durchführe, gelingt mir auch alles gut und mein Körper dankt es mir wiederum, indem ich immer mehr Fett abbaue und Muskeln aufbaue. Wenn ich hingegen viele andere Menschen dort beobachte, die sich schon ins Fitness-Studio quälen und sich dann dort noch mehr an den Geräten und mit den Übungen quälen, wundert es mich nicht, dass diese ganze Quälerei anschließend noch nicht einmal etwas gebracht hat. Nur leider wundern sich diese Menschen und geben dann oft auf, „weil es ja doch nichts bringt".

Was mich unheimlich nach vorne gebracht hat, ist die Erkenntnis, dass jede Erfahrung, die ich mache, eine gute ist. Egal, ob es mir zunächst positiv oder negativ erscheint. Ob ich es haben wollte oder nicht: *jede* Erfahrung ist eine gute. Durch diese Erkenntnis konnte ich anfangen, mich auch über sogenannte Niederlagen zu freuen, denn in Wahrheit ist eine Niederlage ein großer Sieg, wenn ich richtig damit umgehe. Ich kann nämlich aus jeder Situation, die ich bisher als Niederlage empfunden habe, etwas lernen. Und wenn es nur das ist, dass ich mich (wieder einmal) falsch ausgerichtet habe, denn hätte ich mich richtig bewusst auf mein Vorhaben eingelassen, hätte es funktioniert. Und wenn ich mich darüber freue, dass ich soweit bin und dies erkenne, dann bringt mir eine vermeintliche Niederlage u.U. mehr als jeder „Sieg".

Eine andere Szene, die mir ebenfalls immer wieder ein gutes Gefühl verleiht, ist ein spezieller Baum, der im Naherholungsgebiet meiner Stadt steht. Dieser Baum hat eine wundervolle Energie und jedes Mal, wenn ich dort bin, fühle ich mich gut. Also stelle ich mir diesen Baum vor und spüre seine Energie in meiner Vorstellung und schon geht es mir besser.

Ich kann Ihnen garantieren, dass mir anschließend mein Vorhaben direkt gelingt, bzw. wenn ich z.B. nach einem Programmfehler gesucht habe und ihn vorher nicht gefunden habe, er plötzlich direkt vor meiner Nase auftaucht.

Vielleicht kennen Sie ja auch die Situation, dass man den Wald vor lauter Bäumen nicht sieht. Oder das man „erst mal" drüber schlafen soll. Im Prinzip ist es genau das!

Wir haben uns in eine falsche Richtung ausgerichtet und müssen nun die Ausrichtung unserer Gedanken ändern. Schlafen ist dafür ein sehr gutes Mittel, weil wir, wenn wir aufwachen, einen kompletten Neuanfang machen.

Aber viele Dinge müssen schneller erledigt werden und man kann nicht jedes Mal erst ein Nickerchen machen. Aus diesem Grund sollten Sie für sich Wege finden, wie Sie sich neu ausrichten können. Finden Sie etwas, was Ihnen Spaß macht, wenn Sie daran denken oder wenn Sie es tun.

Eine der häufigsten Ursachen für diese falsche Ausrichtung ist die Tatsache, dass wir vieles ganz unbewusst tun. Weil wir es so gelernt haben und weil wir es so gewohnt sind, machen wir viele Dinge ganz unbewusst und automatisch. Durch diesen Automatismus, der bereits im Unterbewusstsein gespeichert ist, reagieren wir einfach, ohne uns vorher bewusst zu machen, ob diese Reaktion tatsächlich unseren derzeitigen Wünschen entsprechen oder nicht. Und so kommt man von einem zum anderen, denn die universelle Energie schläft nie.

Wenn ich z.B. einen Programmfehler suche und ihn nicht gleich finde und mich dann ärgere und immer schneller suche, finde ich ihn erst recht nicht, denn der Ärger sendet seine Schwingung aus und die universellen Regeln besagen: „Du willst Ärger – den sollst du bekommen ..."

Statt also den Fehler schneller zu finden, klingelt auch noch das Telefon und irgendwo ist eine Katastrophe passiert, die ich jetzt auch noch beheben muss – ich muss doch aber den Programmfehler finden und ärgere mich noch mehr und ziehe noch mehr von diesem Chaos bei.

Genau das habe ich jahrelang mit der Arztsoftware erlebt.

Wenn ich mir aber in dem Moment bewusst mache, dass ich nach einem Programmfehler suche und ihn nicht gleich finde und mich positiv ausrichte und meinen Wunsch ganz bewusst formuliere und mit der richtigen Ausrichtung abschicke, bekomme ich den Fehler auf dem Tablett geliefert.

Alternativ kann ich auch direkt etwas völlig anderes machen und damit „auf andere Gedanken kommen", wie man so schön sagt. Das bewirkt genau das gleiche.

Unbewusstes Handeln ist das Hauptproblem in vielen Bereichen. Aber – wie schon gesagt – können wir ja glücklicherweise jederzeit die Richtung, in die wir uns bewegen, ändern. Und das bedeutet auch, dass wir das Unbewusste und Automatische handeln, welches uns derzeit vielleicht noch Probleme bereitet, zu unseren Gunsten nutzen können.

Hierzu müssen wir „nur" die richtigen Dinge in unser Unterbewusstsein speichern; d.h. wir müssen Verhaltensweisen und Gedanken, Worte und Reaktionen in unser Unterbewusstsein packen, die uns gute Dinge anziehen.

Ein einfaches Beispiel, das mit Sicherheit auch schon viele erlebt haben: Ich fahre im Auto und möchte irgendwo schnell ankommen, weil ich schon spät dran bin. Vor mir fährt jemand mit Tempo 20-30, obwohl man 50 fahren darf und die Straße frei ist. Jetzt gibt es zwei Möglichkeiten.

Erste Möglichkeit: Ich rege mich über den Vordermann auf, weil er so langsam fährt und ich doch so spät dran bin. Was wird passieren? Bei allen 15 Abbiegungen, die ich machen muss, um an mein Ziel zu kommen, wird der Vordermann mit Sicherheit ebenfalls in die gleiche Richtung abbiegen und so vor mir bleiben. Eventuell sind noch alle Ampeln rot und es quetscht sich noch jemand vor mich, der noch langsamer fährt. Wenn ich mich extrem heftig aufrege, kann noch ein Unfall dazu kommen ...

Zweite Möglichkeit: Ich bleibe ruhig und freue mich, dass ich noch pünktlich zu meinem Termin komme und bin auch überzeugt davon. Was wird passieren? Der langsam fahrende Vordermann biegt bei der nächsten Kreuzung in eine andere Richtung ab und ich habe freie Fahrt. „Zufällig“ habe ich eine grüne Welle und finde direkt vor dem Haus, wo der Termin stattfindet, einen Parkplatz und obwohl ich zwei Minuten zu spät bin, ist es nicht schlimm, denn mein Gesprächspartner hat sich noch mehr verspätet.

Beides ist mir schon öfter passiert, wobei ich dazu sagen muss, dass die erste Möglichkeit in den letzten drei Jahren so gut wie nicht mehr vorgekommen ist.

Aber ab und an schlagen die alten Denkmuster wieder durch und ich ärgere mich ein wenig. Glücklicherweise merke ich das meistens sehr schnell und lenke meine Gedanken direkt in eine andere Richtung.

Ähnliches passiert, wenn Sie z.B. ein Tagebuch führen. Wenn Sie aufschreiben, was Sie alles am Tag erlebt haben, konzentrieren Sie sich besonders, denn das Schreiben bedeutet Konzentration. Konzentration jedoch ist nichts anderes wie bewusst sein. Ich tue etwas ganz bewusst.

Wenn ich nun in mein Tagebuch schreibe, dass ich mich heute so sehr geärgert habe, weil so eine „lahme Ente“ vor mir hergefahren ist und dann auch noch alle Ampeln rot waren und ich dann vor lauter Ärger auch noch einen Unfall gebaut habe (bzw. die meisten schreiben dann, dass sie den Unfall wegen dem langsam fahrenden Vordermann gebaut haben ...), dann konzentriere ich mich auf diese negative Schwingung und sende logischerweise noch viel mehr Negativität aus. Was werde ich wohl bekommen?

Wenn ich aber schreibe, dass ich heute einen Termin hatte und es geschafft habe, ruhig und entspannt zu bleiben, obwohl vor mir einer so langsam gefahren ist und ich mich dann so gefreut habe, als er gleich abgebogen ist, dann sende ich diese positive Schwingung ebenfalls aus und was werde ich bekommen?

In der Tat gibt es viele Menschen, die sich ein sogenanntes „Wunschbuch“ angelegt haben; d.h. sie schreiben ihre Wünsche alle auf und machen sich somit den Wunsch noch bewusster, wie wenn sie ihn „nur“ denken. Andere schreiben sogar ganze Geschichten auf: z.B. wie sehr sie sich auf die Erfüllung ihres Wunsches freuen und was die Erfüllung für positive Auswirkungen auf ihr Leben haben wird. Dadurch, dass – zumindest die meisten Menschen – sich beim Schreiben voll auf das konzentrieren, was sie da gerade schreiben, bleibt kein Platz für den Verstand, sich irgendwelche Gedanken zu machen. Er hat gar keine Chance in dem Moment, irgendwelche Zweifel zu streuen und damit den Wunsch zu blockieren oder vielleicht umzukehren.

Von daher ist Aufschreiben der Wünsche und Überzeugungen ein sehr gutes Mittel, den Wunsch schneller erfüllt zu bekommen.

Von dem abgesehen geht es den meisten Menschen auch so, dass etwas, was sie schon einmal aufgeschrieben haben, besser gespeichert wird, als etwas, über das man nur spricht oder nur darüber nachdenkt. Das beste Beispiel hierfür ist der letzte Absatz. Er ist mir eingefallen, als ich mich schlafen gelegt habe. Hätte ich ihn nicht gleich aufgeschrieben, wäre er wahrscheinlich nie in diesem Buch gelandet ...

Ungeduld

Ein anderer Punkt ist, dass wir nicht gleich ungeduldig werden dürfen, wenn wir uns etwas wünschen und auch alles richtig gemacht haben und dennoch etwas nicht so passiert, wie wir uns das vielleicht vorgestellt haben.

Wie schon des öfteren gesagt, müssen wir uns glücklicherweise über das *Wie* keine Gedanken machen. Da wir das aber dennoch tun, blockieren wir mit diesen Gedanken mehr die Wunscherfüllung, als dass wir sie beschleunigen. Wir blockieren den Fluss der universellen Energie oder lenken ihn gar in eine ganz andere Richtung, die uns dann etwas bringt, was wir gar nicht wollen oder gebrauchen können.

Wenn ich mir z.B. Reichtum und Fülle wünsche und Lotto spiele, darf ich nicht gleich verzagen, wenn nach meinem Wunsch nicht gleich ein ‚Sechser' drin ist. Woher will ich wissen, ob der Reichtum nicht über einen ganz anderen Weg in mein Leben findet?

Die universelle Energie kennt unzählige Möglichkeiten, die mir zu meinem Wunsch verhelfen. Denken Sie an das Beispiel mit der Jobsuche und dem Onkel. Das ist nun wirklich nicht aus der Luft gegriffen und ich behaupte einmal, dass sich so etwas niemand auf der Welt im Vorfeld vorgestellt hätte.

Da wir wissen, dass unser Wunsch definitiv erfüllt wird, können wir uns in Ruhe zurücklehnen und uns darauf freuen. Ich bin mittlerweile immer schon ganz gespannt, wie ein Wunsch letzten Endes erfüllt wird und bin immer wieder begeistert, wenn ich im Nachhinein die vielen „Zufälle" sehe, die zu einer bestimmten Situation geführt haben, mit der einer meiner Wünsche erfüllt wurde.

Das Wichtigste im Überblick:

Wenn sich Ihr Wunsch nicht erfüllt, prüfen Sie, ob es eventuell tiefsitzende Überzeugungen in Ihnen gibt, die zu Ihrem Wunsch in Widerspruch stehen. Wenn ja, machen Sie sich an die Arbeit, diese Überzeugung durch eine bessere zu ersetzen!

Haben Sie Geduld und machen Sie sich keine Gedanken, wie der Wunsch erfüllt wird!

Affirmationen und Visualisierung können die Erfüllung von Wünschen enorm beschleunigen. Freude ist ebenfalls ein Wunschbeschleuniger.

Die erste Regel lautet: Wünsch' dir was!

Die zweite Regel lautet: Sei überzeugt, dass du es bekommst und lass den Wunsch los!

Die dritte Regel lautet: Konzentriere dich auf das Gute und erwarte die Erfüllung!

Die vierte Regel lautet: Üben, üben, üben!

Die fünfte Regel lautet: Bringe deinen Verstand zur Ruhe und höre auf deine innere Stimme!

Die sechste Regel lautet: Tue alles, was du tust, bewusst!

Die siebte Regel lautet: Visualisiere das Gewünschte und programmiere dein Unterbewusstsein durch Affirmationen mit Freude neu!

Wertschätzung

Wenn ich Lotto spiele und gewinne z.B. fünf Euro, darf ich mich nicht ärgern, sondern muss mich darüber auch freuen. Wer den Pfennig nicht ehrt, ist die DM nicht wert, das hat man früher gesagt und es stimmt. Wertschätzung für das, was man schon hat, und das, was man sich wünscht, ist nämlich auch ein sehr wichtiger Faktor.

Wünsche ich mir z.B. eine neue, schönere, größere Wohnung mit besserer Lage, ärgere mich aber jeden Abend, wenn ich nach Hause komme über meine derzeitige Wohnung, die Nachbarn oder den weiten Weg zur Arbeit, ziehe ich durch diesen Ärger nur mehr schlechte Dinge in mein Leben. Die neue Wohnung schiebe ich damit aber gleichzeitig zurück.

Wenn ich mich aber, wenn ich nach Hause komme, auf die positiven Seiten meiner jetzigen Wohnung konzentriere – nehmen wir als Beispiel, dass direkt nebenan ein nettes Lokal ist, in welches ich gerne gehe – und mich gleichzeitig darauf freue, bald in meine tolle neue Wohnung zu ziehen, werde ich diese schneller bekommen, als ich packen kann. Auch das habe ich schon mehrfach live erlebt.

Viele vergessen, dass wir in Deutschland in einem Land leben, wo es den höchsten Lebensstandard weltweit gibt und dann sehen wir, dass von 100 Menschen, die uns entgegen kommen, 80-90 mit einem Gesicht herumlaufen, als wüssten sie nicht, ob sie morgen etwas zu essen bekommen oder als ob gerade all ihr Hab und Gut durch eine Naturkatastrophe zerstört worden sei, dann müssen wir uns nicht wundern, dass es mit dem Land immer weiter in die falsche Richtung geht.

Was unsere Eltern und Großeltern nach dem Krieg aufgebaut haben, fahren wir allmählich gegen die Wand, weil die meisten von uns nicht zu schätzen wissen, wie gut es ihnen geht. Sie wollen immer mehr und mehr und sind mit dem, was sie haben, nicht zufrieden.

Auch hierzu gibt es wieder eine schöne Stelle in der Bibel, die uns genau das mitteilen will:

„Ihr seid begierig und erlangt's damit nicht; ihr hasset und neidet und gewinnet damit nichts; ihr streitet und krieget. Ihr habt nicht, darum dass ihr nicht bittet; ihr bittet und nehmet nicht, darum

dass ihr übel bittet, nämlich dahin, dass ihr's mit euren Wollüsten verzehret."

Jakobus – Kapitel 4 Vers 2 und 3

Wir speisen die Leute, die das Land und den Wohlstand für uns erschaffen haben, mit immer niedrigeren Renten ab und wundern uns, dass auch wir immer weniger Geld zum Ausgeben haben.

Dann kommt natürlich noch hinzu, dass die alten Menschen dies entsprechend registrieren und sich darüber ärgern, dass die jungen ihnen nicht genügend Dankbarkeit entgegenbringen.

Durch diesen Ärger ziehen sie – logischerweise – noch mehr Ereignisse und Situationen bei, die die Situation immer weiter verschlechtert. D.h. nicht nur der Ärger, dass ich etwas, was ich mir wünsche, noch nicht habe, hält es immer weiter von mir fern – nein – auch wenn ich z.B. anderen neide, dass sie das, was ich will, bereits haben, schiebe ich das Gewollte immer weiter von mir weg und ziehe im schlimmsten Fall sogar das Gegenteil an.

Auch hier kann man den eingefahrenen Weg im Unterbewusstsein wieder in eine andere Richtung lenken, die dafür sorgen wird, dass ich das, was ich möchte, noch schneller bekomme.

Wenn ich bisher z.B. auf andere neidisch war, weil sie den besseren Job, die schönere Frau, das schnellere Auto oder sonst etwas hatten, dann kann ich das umdrehen und mich für sie freuen. Wenn ich das schaffe und jedes Mal, wenn ich jemanden sehe, der das, was ich mir wünsche, bereits hat, für ihn freue, ziehe ich das Gewünschte noch schneller in meine eigene Erfahrung.

Ich gebe zu, dass diese Umkehr eine der schwierigsten Übungen ist. Wenn man über 30 Jahre lang etwas immer und immer wieder gemacht hat, kann man es nur selten von jetzt auf nachher über Bord werfen und durch das genaue Gegenteil ersetzen. Aber es geht.

Und ich gebe auch zu, dass hier der einzige Punkt liegt, wo auch ich das Alter als kleines Argument akzeptiere. Je länger man bestimmte Dinge wiederholt hat, desto stärker sind sie im Unterbewusstsein verankert. Ändern kann man sie aber dennoch. Ich rede immer wieder mit älteren Leuten, die mir erzählen, dass wenn man erst einmal in ihrem Alter ist, das alles nicht mehr so einfach sei. Ich sage hier immer, dass das absolut nicht stimmt. Ich kann mit zehn genauso schnell oder langsam die Richtung wechseln, wie mit 90. Bei den meisten ist es nur die Bequemlichkeit.

Henry Ford hat einmal gesagt:

„*Wer immer tut, was er schon kann, bleibt immer das, was er schon ist*“ und „*Wer aufhört zu lernen, ist alt, mag er zwanzig oder achtzig sein. Wer immer weiter lernt, bleibt jung, mag er zwanzig oder achtzig sein*“

Und genau so ist es! Ich kenne genug ältere Leute, die auch im hohen Alter immer noch Spaß daran haben, neue Dinge zu lernen und offen sind für Neues. Wenn ich diesen von den Regeln hier berichte, sind sie ganz glücklich und wenden sie sofort an. Sie ziehen dann plötzlich Gesundheit oder gar einen neuen Lebenspartner in ihr Leben und beweisen damit, dass das Alter keine Rolle spielt.

Genauso kenne ich junge Leute, die bereits mit 15, 20 oder 25 einfach vor sich hin leben und sich allem Neuen verschließen und meinen, ich sei ein verrückter Spinner, sich gleichzeitig aber über das „ungerechte Leben" beschweren.

Wenn in Ihrem Leben etwas nicht so läuft, wie Sie es „eigentlich" gerne hätten, dann bedeutet das zwangsläufig, dass Sie irgendetwas denken und tun, was dies verursacht und das wiederum bedeutet, wenn Sie es ändern möchten, müssen Sie ihr Denken und Handeln ändern.

Dazu sind viele aber nicht bereit. Viele meckern und jammern, weil ihr Leben nicht so läuft, wie sie sich das einmal vorgestellt hatten, wollen gleichzeitig aber auch nichts ändern und erwarten, dass irgendwann ein Wunder geschieht und sie mit einem Schlag in ein anderes Leben katapultiert – ohne dass sie dafür etwas tun bzw. ihr Denken ändern müssen.

Das Problem ist, dass sie warten und warten und ehe sie sich versehen, ist das wundervolle Leben, das ihnen geschenkt wurde, vorbei.

Lassen Sie es nicht so weit kommen! Nutzen Sie das, was Sie hier gelernt haben, um die Richtung, in die sich Ihr Leben bewegt, selbst zu bestimmen und sich all Ihre Wünsche und Träume zu erfüllen. Nutzen Sie es, um gesund zu sein, nutzen Sie es, um so viel Geld zu haben, dass Sie sich alles leisten können, was Sie möchten, nutzen Sie es, um einen tollen Partner zu finden oder Ihre Partnerschaft toll zu halten.

Sie brauchen nicht erst mühselig die Krankheit zu bekämpfen. Konzentrieren Sie sich einfach auf Gesundheit. Da wo Gesundheit herrscht, ist kein Platz für Krankheit. Sie brauchen nicht erst mühselig die Armut zu bekämpfen. Konzentrieren Sie sich auf Reichtum und Fülle. Da wo Reichtum und Fülle ist, ist kein Platz für Armut.

Sie brauchen nicht erst mühselig die Einsamkeit zu bekämpfen. Konzentrieren Sie sich auf Liebe und Partnerschaft. Da wo Liebe und Partnerschaft ist, ist kein Platz für Einsamkeit.

Die Sache mit dem Partner/der Partnerin

Oh, oh! Ich höre schon einige laut denken: Wenn das doch wirklich auch mit meinem Partner/meiner Partnerin funktionieren würde ...

Das ist ein weiteres – und dazu ein sehr wichtiges – Thema bei der Befolgung der universellen Regeln. Wie Sie jetzt gelesen haben, können Sie alles bekommen und alles erreichen, was Sie möchten, wenn Sie es nur wirklich wollen und auch vollkommen überzeugt davon sind, es zu bekommen.

Sie haben auch gelesen, dass *nur* Sie den Weg Ihres Lebens bestimmen. Nur Sie ziehen die Dinge in Ihr Leben, die tatsächlich auch kommen – niemand anderes kann das für Sie tun.

Das heißt logischerweise auch, dass das für jeden anderen genauso gilt. Demnach können Sie nicht für jemand anderen etwas anziehen oder erschaffen, genauso wenig, wie Sie jemand anderen zu sich ziehen können, wenn diese Person das nicht auch möchte.

Wenn Sie sich also den perfekten Partner/Partnerin wünschen und alle Regeln befolgen, bekommen Sie ihn auch. Wenn Sie sich aber einen bestimmten Partner/Partnerin wünschen und ihn nicht bekommen, kann es nur bedeuten, dass dieser Partner nicht für Sie bestimmt ist und irgendwo ein besserer auf Sie wartet. Ein Problem von vielen ist, dass sie nicht den wahren Kern ihres Wunsches erkennen.

Ein Beispiel: Statt sich den perfekten Partner zu wünschen, der optimal zu einem passt, wünschen sich die meisten einen bestimmten Menschen, von dem der Verstand glaubt, dass er optimal zu einem passen würde. Wie wir hier aber schon des Öfteren mitbekommen haben, weiß unser Verstand nicht das Geringste und schon gar nicht das, was noch kommt oder wirklich gut für uns ist.

Sie können als Beispiel auch jeden anderen Bereich nehmen. Ob es nun der perfekte Job, die ideale Wohnung oder Reichtum und Fülle ist. Unser Verstand hat sich z.B. in den Kopf gesetzt, dass der optimale Job nur bei Firma ‚xy‘ auf uns wartet. Er hat leider nur gar keine Ahnung, dass dem nicht so ist und wir, wenn wir tatsächlich bei Firma ‚xy‘ anfangen würden, nach einem Monat arbeitslos wären. Stattdessen wartet der optimale Job bei Firma ‚yz‘ auf uns – aber woher soll der arme Verstand das denn wissen … ?

Vertrauen

… deshalb müssen wir vertrauen. Wenn wir uns etwas wünschen und all die genannten Regeln, Wünsche, Erwartung, Überzeugung, Visualisierung, Affirmationen einhalten, dann wird unser Wunsch erfüllt. *Garantiert!*

Wir können dem Verstand also klar machen, dass er jetzt Sendepause hat und sich jetzt einfach nur zurückhalten muss und schon wird unser Wunsch erfüllt. Wir müssen vertrauen, dass die universelle Energie die richtigen Schalter in Bewegung setzt, um uns den Wunsch schnellstmöglich und in bester Qualität zu erfüllen.

Gerade was die Partnerschaft angeht, fällt mir dazu ein lustiger Film ein, der genau das verdeutlicht – wenn auch auf andere Art und

Weise. Der Film handelt von einem jungen Mann, der unsterblich in eine Kollegin verliebt ist – so glaubt er jedenfalls. Leider ist er der Trottel der Nation und niemand nimmt ihn wirklich ernst. Die besagte Kollegin kennt ihn nicht einmal.

Plötzlich taucht der Teufel in Form einer wunderschönen, sexy Frau auf und macht ihm den Vorschlag, für den Preis seiner Seele eine bestimmte Anzahl von Wünschen zu erfüllen. Er geht darauf ein und wünscht sich, dass er mit der besagten Kollegin verheiratet ist, reich und mächtig sei und von allen geachtet. Der Teufel erfüllt ihm sogleich den Wunsch und er erwacht als kolumbianischer Drogendealer, der mit seiner Traumfrau verheiratet ist.

Nur leider hat die Sache einen Haken (wer hätte es beim Teufel gedacht ...): Seine Frau kann ihn nicht leiden, betrügt ihn und seine Mitarbeiter wollen ihn umbringen ...

So ähnlich laufen auch die anderen Wünsche ab, bis er schließlich begreift, dass er – trotz der Unterstützung des Teufels – diese Frau nicht dazu bringen kann, ihn wirklich zu lieben. Schließlich gibt er auf und lässt sie los. Und was glauben Sie, wem er kurz darauf über den Weg läuft?

Genau! Seiner eigentlichen Traumfrau, die – in diesem Hollywoodfilm – zufällig genauso aussieht, wie seine Arbeitskollegin ...

Fliessen lassen

Obwohl es ein lustiger Film ist, steckt in der Geschichte sehr viel von dem, wie es tatsächlich ist. Wenn wir das, was wir wollen, in unserem Kopf endlich loslassen, bekommen wir es schneller, als wir uns umdrehen können. Wenn wir es aber mit dem Verstand erzwingen wollen, wird es nie etwas. Wir blockieren damit den Fluss der universellen Energie.

Nehmen wir wieder ein einfaches Beispiel, welches die meisten Menschen schon einmal selbst erlebt haben: Sie suchen etwas und können es partout nicht finden. Sie werden fast verrückt bei der Suche nach dem Ding und finden es nicht.

Erst wenn Sie aufhören mit dem Verstand nachzudenken, wo es denn noch sein könnte, fällt es Ihnen plötzlich in den Schoß. Ich nehme an, dass auch viele von Ihnen das schon erlebt haben.

Das Problem ist, dass unser Verstand die universelle Energie am Fließen hindert. Er wirkt quasi wie eine Staumauer. Je schneller Sie also aufhören, mit dem Verstand nach Lösungen zu suchen und die universelle Energie fließen lassen, desto schneller bekommen Sie die Lösung.

Das geht genauso beim Programmieren, Schreiben, Malen, Entwerfen oder Erfinden oder bei jeder anderen Tätigkeit.

Wenn wir also respektieren, dass wir andere nicht dazu bewegen können, etwas zu tun, was sie nicht wirklich wollen und uns stattdessen auf unsere eigenen Wünsche und Ziele konzentrieren, ist alles in Ordnung. Leider gibt es aber viele Menschen, die das einfach nicht einsehen wollen. Und so versuchen sie es doch und zwingen anderen Menschen ihren Willen auf.

Wie uns die Geschichte unzählige Male gezeigt hat, hat das jedoch nie langfristig funktioniert. Genauso wenig, wie es funktioniert, wenn Sie jemand anderen zu Ihrem eigenen Vorteil über den Tisch ziehen oder Schaden nehmen lassen. Solche Aktionen scheinen zwar im ersten Moment zu funktionieren und viele Beobachter solcher Vorgänge sagen dann: „Schau mal, wenn du über Leichen gehst, kannst du auch so erfolgreich werden wie der da" – aber mittel- und langfristig funktioniert so etwas nicht. Menschen, die sich auf Kosten anderer bereichern, weil sie mit ihrem Verstand einen scheinbar genialen Weg gefunden haben, andere auszunehmen, sind in der Regel nicht besonders glücklich und alle, die ich kennen gelernt habe, sind auch nicht gerade besonders gesund.

Auch ist es meist so, dass sie diesen Reichtum nur kurzfristig ihr Eigen nennen können und ihn schneller wieder los sind, wie sie ihn zu sich geholt haben.

Wenn man diesen Menschen dann erzählt, dass sie sich neu ausrichten müssen, glauben sie das seltsamerweise oft noch weniger, als andere Menschen.

Es gibt sehr bedeutende Beispiele, in denen Menschen versucht haben, andere gegen ihren Willen zu beherrschen. Das aktuellste Beispiel – gerade in unserem Land – ist die ehemalige DDR. Ich habe sie schon einmal genannt, weil ich selbst eine sehr interessante und für mich sehr wichtige Erfahrung mit diesem Land gemacht habe.

Das Wichtigste im Überblick:

Schätzen Sie, was Sie haben und freuen sich auf die Erfüllung Ihres Wunsches! Seien Sie offen für Neues! Sie können nicht für andere erschaffen oder andere zu sich ziehen, wenn diese das nicht auch wollen. Respektieren Sie die Wünsche von anderen!

Vertrauen Sie auf die Erfüllung Ihres Wunsches!

<u>Die erste Regel lautet:</u> Wünsch' Dir was!

<u>Die zweite Regel lautet:</u> Sei überzeugt, dass du es bekommst und lass den Wunsch los!

<u>Die dritte Regel lautet:</u> Konzentriere dich auf das Gute und erwarte die Erfüllung!

<u>Die vierte Regel lautet:</u> Üben, üben, üben!

<u>Die fünfte Regel lautet:</u> Bringe deinen Verstand zur Ruhe und höre auf deine innere Stimme!

Die sechste Regel lautet: Tue alles, was du tust, bewusst!

Die siebte Regel lautet: Visualisiere das Gewünschte und programmiere dein Unterbewusstsein durch Affirmationen mit Freude neu!

Die achte Regel lautet: Respektiere die Wünsche anderer und vertraue auf die Erfüllung deiner Wünsche!

Gemeinsames erschaffen

In der DDR haben die Machthaber mit ihrem Verstand versucht, die Menschen gegen ihren Willen festzuhalten. Wie weit der menschliche Verstand dabei geht, konnten wir alle an diesem Beispiel sehr deutlich sehen.

Es wurden doch tatsächlich Menschen umgebracht, nur weil sie ihre Verwandten besuchen wollten. Es wurde die Mauer gebaut mit allen möglichen Sicherheitsvorkehrungen: Minenfelder, Wachtürme, Selbstschussanlagen usw. ...

Beim Mauerbau, der teilweise mitten durch die Häuser Berlins ging, wurden Familien einfach auseinandergerissen. Anhand der Mauer und der innerdeutschen Grenze kann man sehr deutlich sehen, wie verblendet der Verstand der Menschen sein kann und oft ist. Man kann an diesem Beispiel aber auch ganz klar erkennen, dass man den fest entschlossenen Menschen, der in die Freiheit will und fest davon überzeugt ist, es zu schaffen, auch mit keiner Mauer der Welt daran hindern kann. Es haben immer wieder Menschen geschafft, diesen Wahnsinn zu überwinden und in den Westen zu fliehen. Diese Menschen haben intuitiv die Regeln befolgt, die ich Ihnen hier verraten habe und sind dadurch auf die verrücktesten Ideen gekommen, um in die Freiheit zu gelangen.

Ich selbst war im Mai 1989 in West-Berlin. Es war die Abschlussfahrt meiner Schulklasse. Wir hatten kurz vorher in der Schule das ganze Kapitel der deutschen Geschichte im dritten Reich, sowie was danach kam, durchgekaut und ich war noch sehr stark betroffen von dem, was unsere Vorfahren zur Zeit des NS-Regimes so alles getrieben haben – übrigens ein weiteres, sehr deutliches Beispiel, wie idiotisch der Verstand sein kann.

Das Thema DDR und innerdeutsche Grenze hatte ich bis zu dieser Fahrt nur theoretisch mitbekommen und immer geglaubt, die Leute dort, wollen das ja alles so ... Als wir dann aber mit dem Zug die erste Grenze passierten und unser Zug von oben bis unten von DDR-Soldaten auf den Kopf gestellt wurde, haben meine Mitschüler und ich das erste Mal erfahren, was all die vielen Wörter in unseren Büchern in der Realität bedeuten.

Zwei Ereignisse bei dieser Fahrt werde ich nie vergessen. Richtig begriffen habe ich die auch erst, als ich die universellen Regeln kennen gelernt habe, die ich Ihnen hier näherbringe.

Das erste war unser Besuch am Potsdamer Platz. Wir fuhren mit der U-Bahn dorthin. Der U-Bahnhof war mit lauter wunderschönen, alten Bildern vom Potsdamer Platz aus der Vorkriegszeit geschmückt. Es war wirklich sehr beeindruckend. Dann sind wir die Stufen hinaufgegangen und haben den U-Bahnhof verlassen. Wir standen direkt vor der Mauer. Ich weiß es noch, als wäre es gestern gewesen. Ich stand an Schienen, die direkt in die Mauer geführt haben. Schienen, auf denen vor gerade mal 50 Jahren (aus damaliger Sicht natürlich) noch Straßenbahnen auf diesem wunderschönen Platz gefahren sind.

Wir sind dann auf eine Aussichtsplattform gegangen, die dort stand, damit man über die Mauer sehen kann. Als ich den riesigen Bereich der sogenannten Todeszone mit den Minenfeldern und Wachtürmen gesehen habe, hat es mich beinahe zerrissen. Ich hatte noch die schönen Bilder aus dem U-Bahnhof, aus dem wir gerade gekommen sind, im Kopf und musste dann sehen, was Menschen daraus gemacht haben. Menschen, die eigentlich ein Volk sind. Menschen, die sogar z.T. miteinander verwandt sind.

In diesem Moment ist mir durch den Kopf: Diese Mauer muss weg. Dieser Wahnsinn muss enden und ich hatte so starke Gefühle dabei, dass ich es noch jetzt spüren kann, wie es sich angefühlt hat.

Das zweite Ereignis war unser Besuch in Ost-Berlin. Wir sind leider nur Samstag mittags dorthin gekommen – aber es war genug, um etwas Wichtiges zu lernen.

Nach einem üppigen Essen für 90 Ost-Pfennig sind einige Mitschüler und ich noch an ein Eis-Café und haben für 50 Ost-Pfennig ein riesiges Eis gegessen. Wir hatten jeder zehn Ost-Mark aus dem Zwangsumtausch und da schon alle Geschäfte geschlossen hatten, konnten wir mit dem Geld recht wenig anfangen, zumal die Dinge, die wir kaufen konnten, alle sehr günstig waren (eine Flasche Mineralwasser zwölf Ost-Pfennig und das Pfand war auch schon dabei ...).

Auf einmal sprach uns ein Mann an und bot uns an, Geld zu tauschen. Er wollte uns für jede D-Mark 20 Ost-Mark geben. Wir erklärten ihm, dass wir nicht wissen, was wir mit dem Geld anstellen sollten und schenkten ihm unser Ost-Geld, da wir es nicht mit zurücknehmen durften. Er erzählte uns dann von den Intershops, die wir auf unserem Rückweg dann auch direkt gesehen haben.

Eine absolute Perversion meiner Meinung nach. Die DDR-Regierung erlaubte, dass die Intershops alles Mögliche aus dem Westen verkaufen durften – was ja ansonsten absolut verboten bzw. unmöglich war und sogar als Gefährdung für die innere Sicherheit galt. Allerdings durften die Sachen (wie z.B. moderne Fernseher, Video-Rekorder, Radios, etc.) nur gegen West-Geld erworben werden, was wiederum „eigentlich“ verboten war, zu besitzen. Die, die von ihren Verwandten aus dem Westen West-Geld geschenkt bekamen, sowie die Regierenden, konnten sich so Dinge kaufen, die alle anderen nicht hatten.

So viel zum Thema „Alle sind gleich im Sozialismus“. Das ganze System war von oben bis unten paradox. Auch dieses Erlebnis hat mich stark beeinflusst und ich habe viel darüber gesprochen und nachgedacht. Wir wissen alle, wie es kurz danach gekommen ist. Keine sechs Monate nach unserer Fahrt ist die Mauer gefallen. Ein Ereignis, welches im Mai, bei unserem Aufenthalt noch absolut undenkbar war. Zu der Zeit war die Erde noch ‚eine Scheibe' ...

Ich sage jetzt nicht, dass mein Wunsch: „Die Mauer muss weg" der Auslöser für den letztendlichen Fall der Mauer war. Was ich hiermit verdeutlichen will ist, dass, wenn sich viele das gleiche wünschen und die Regeln befolgen – ob bewusst oder unbewusst – dieser Wunsch sehr schnell und auf wundersame Weise in Erfüllung gehen kann. Dass die Mauer fällt, war kurz vorher wirklich undenkbar. Viele im Westen haben befürchtet, dass das DDR-Regime die Demonstranten mit Panzern niederwalzen wird – wie sie es schon einmal getan haben. Damals war der Wunsch der Masse noch nicht stark genug – oder es waren noch mehr, die sich das Gegenteil gewünscht haben bzw. Angst davor hatten, dass es so kommt.

1989 waren es aber genügend Menschen, die sich alle dasselbe gewünscht haben und bei den Montags-Demos den Wunsch als Glaubenssatz laut immer wieder wiederholt haben: „Die Mauer muss weg – die Mauer muss weg."

Sie können sich nicht vorstellen, wie groß meine Freude war, als wir am 9. November 1989 im Fernsehen die Bilder gesehen haben, als die Menschen auf der Mauer tanzten, die Grenzbeamten die Leute durchließen und alle feierten. Ich fühlte mich in dem Moment so glücklich, als hätte ich selbst in der DDR gelebt.

Schade übrigens, dass diese Freude und die Macht des gemeinsamen Erschaffens sich danach so schnell in Luft auflöste. Kaum war die erste Freude vorbei, kam nämlich wieder der Verstand ins Spiel. Und der Verstand sagte gleich: Oh je, oh je. Was haben wir jetzt alles für Probleme und wie schlimm die Lage ist und, und, und … Das zieht sich bis heute noch so hin.

Plötzlich hörten alle auf den Verstand, auf den sie nicht hörten, als sie ihr Leben riskierten und gegen die Mauer demonstrierten und dadurch dieses Wunder überhaupt erst bewirkten.

Ein ganz anderes Beispiel für kollektives Erschaffen bzw. Wunscherfüllung: *Sport.*

Weil wir eine Fußballnation sind, nehmen wir doch auch praktischerweise diese Sportart. Ich muss an der Stelle gleich gestehen, dass ich absolut kein Fußball-Fan bin und höchstens ein paar Länderspiele und FC Bayern Spiele sehe, weil meine Frau sie sehen möchte.

Beim Fußball habe ich schon vor langer Zeit die Beobachtung gemacht, dass dort merkwürdige Dinge passieren. Bis vor zwei bis drei Jahren habe ich es nicht verstanden. Jetzt jedoch ergibt das alles einen Sinn.

Meine Frau ist z.B. Fan vom FC Bayern München. Diese Mannschaft hat meines Wissens nach die meisten Meisterschaftstitel und fast immer die besten und teuersten Spieler in der Bundesliga. Wenn nun eine solche Mannschaft, ausgestattet mit den besten Spielern, den teuersten Trainern und allem, was man sich als Fußballmannschaft so wünscht, in der laufenden Saison alle Spiele gewonnen hat und nun in einem DFB-Pokal Spiel gegen irgendeine „Dorfmannschaft" spielen soll, sollte der Ausgang des Spieles klar sein. Erstaunlicherweise ist dem aber nicht so. Wie oft haben solch „große Mannschaften" schon gegen vermeintlich kleine und schwache Gegner verloren oder unentschieden gespielt oder sich zumindest sehr schwer mit ihnen getan?

Wie gesagt, ist mir das schon früher aufgefallen und ich habe mich jedes Mal für die kleinere Mannschaft gefreut, denn die Spieler und deren Fans haben sich über einen solchen Sieg oder gar über ein Unentschieden erheblich mehr gefreut, als die Profi-Mannschaft oder deren Fans.

Und genau da liegt der Hase im Pfeffer: Die Spieler und die Fans *freuen* sich über den Sieg. Und je mehr Spieler und Fans sich im Vorfeld zu einem solchen Spiel schon über einen möglichen Sieg freuen und je mehr sie sich das wünschen und über Siege aus der Vergangenheit reden, wo dies schon anderen kleinen Mannschaften gelungen ist, umso größer wird die Möglichkeit, tatsächlich zu gewinnen oder zumindest ein Unentschieden zu erzielen.

Allein die Tatsache, dass man – wie selbstverständlich – davon ausgeht, dass ein Sieg im eigenen Stadion wahrscheinlicher ist als im gegnerischen Stadion, unterstreicht doch alles, was ich Ihnen hier beschrieben habe. Aus welchen Gründen, die der Verstand normalerweise akzeptieren würde, wäre es denn sonst so? Das gegnerische Stadion hat ebenfalls eine Spielfläche, die die gleichen Anforderungen erfüllt, wie das heimische Stadion. Die Umkleidekabinen sehen auch nicht viel anders aus und die Mannschaft bringt ja ihre eigenen Betreuer mit – ihre eigenen Kleider und Schuhe und der Ball dort ist auch rund …

Was anders ist, sind die Fans. Im heimischen Stadion sind – zumindest normalerweise – mehr eigene Fans, als gegnerische. Und da die eigenen Fans sich alle fest wünschen, dass die eigene Mannschaft gewinnt und dies auch erwarten und teilweise im Vorfeld schon feiern – immerhin ist es ja ein Heimspiel – geht dieser Wunsch auch öfter in Erfüllung.

Wie ist das nun bei einem Spiel David gegen Goliath? Genauso! Goliath kommt ins Stadion des Davids. Natürlich hat Goliath viel mehr Fans als David, da der Große in ganz Deutschland Fans hat, während die kleine Mannschaft meist nur in der Region bekannt ist und es dort noch 30 weitere Vereine gibt, auf die sich die Sympathien der Einwohner im Ort verteilen. Aber die Fans der kleinen Mannschaft wünschen sich den Sieg wirklich durch und durch, während die Fans des großen Vereins von einer reinen Formsache ausgehen. Gegen so eine Mannschaft ist es doch nur eine Frage, wie hoch man gewinnt.

Und die gleiche Denk- bzw. Wunschweise haben auch die Spieler. Und plötzlich gelingen den Amateuren Pässe, wie sie selbst Maradona in seinen besten Zeiten nicht hinbekommen hätte (konnte der überhaupt passen??? Man verzeihe mir hier meine Ahnungslosigkeit zu solchen Fachfragen), während den Superprofis nicht ein Zuspiel gelingen will. Da fallen im Vorfeld bereits die besten Spieler des großen aus, während die erkrankten guten Spieler des kleinen urplötzlich wie von Geisterhand gesund werden. Denken Sie mal drüber nach …!

Lange Rede, kurzer Sinn: Wir sind durchaus in der Lage, mit anderen zusammen etwas zu wünschen und zu erschaffen. Und je mehr Menschen sich zusammentun, umso schneller können auch die größten und scheinbar unüberwindlichen Hindernisse genommen werden. Allerdings müssen auch tatsächlich alle an einem Strang ziehen.

Wenn Sie sich nämlich mit anderen zusammentun, die zwar auch den gleichen Wunsch wie Sie haben, jedoch mit Angst und/oder Zweifel an die Sache herangehen, bringt Ihnen diese Verbindung nicht nur keinen Vorteil, sondern eher noch Nachteile.

Dies gilt im Geschäftlichen, genauso wie im Privaten. Wenn Sie z.B. ein Haus kaufen und fest daran glauben, dass es finanziell kein Problem ist, Ihr Partner/in sich jedoch die ganze Zeit Gedanken macht und Angst hat, dass irgendetwas passiert, dass Sie das Haus nicht halten können, dann lassen Sie es lieber. Gleiches gilt für Geschäftspartner natürlich auch.

Ein noch berühmteres, allerdings auch älteres Beispiel als den Fall der Mauer ist die Teilung des roten Meeres durch Moses. Hätte der überwiegende Teil seines Volkes daran gezweifelt, dass es funktioniert, wären alle ertrunken. Womit wir zu einem weiteren Punkt kommen, auf den ich oft angesprochen werde.

Negative Erlebnisse, obwohl ich positiv bin

Ein ganz beliebtes Beispiel, welches mir oft genannt wird ist:

Was ist, wenn ich z.B. in einem Flugzeug sitze und mir ganz bewusst wünsche, heil und gesund an meinem Ziel anzukommen und auch überzeugt davon bin, mir es schon vorstelle, am Ziel anzukommen – wenn ich also alle Regeln korrekt einhalte und dennoch stürzt das Flugzeug ab. Wie erklärt man das?

Auch das ist viel einfacher, als es der Verstand wieder konstruiert. Er ist einfach gut darin, einfache Dinge kompliziert zu machen. Wenn ich tatsächlich vorhabe, mit dem Flugzeug irgendwohin zu fliegen und mir wünsche, heil und gesund anzukommen und alle Regeln korrekt befolge, dann kann das Flugzeug nicht abstürzen. Zumindest nicht, wenn ich drin sitze.

Denken Sie an mein Beispiel mit der Autofahrt ins schwedische Möbelhaus. Wenn Sie alles richtig machen, dann werden Sie nicht in dem Flugzeug sitzen, welches abstürzt. Sie werden entweder verschlafen oder im Stau stehen oder Ihren Pass vergessen oder, oder, oder … Im ersten Moment werden Sie sich schwarzärgern, dass

Sie das Flugzeug nicht bekommen haben und wenn das Flugzeug dann abgestürzt ist, bekommen Sie die Gänsehaut.

Wenn ich mir bewusst wünsche, dass ich gesund und munter wieder nach Hause komme, dann wird auch in meinem Urlaubsort nichts passieren. Egal ob ich nach Mallorca oder nach Bagdad fahre.

Viele meinen, dass wäre sehr krass, was ich hier schreibe und dass es doch wohl Grenzen gibt und es ein Unterschied ist, ob ich mir einen Parkplatz wünsche oder mir als US-Soldat wünsche, im Irak zu überleben und gesund wieder nach Hause zu kommen. Aber ich sage Ihnen: *Es gibt keinen Unterschied!*

Genauso wie die Feder auf den Boden fällt, fällt auch eine Bowling-Kugel auf den Boden, wenn ich sie fallen lasse. Und so wird auch mein Wunsch nach dem Parkplatz genauso erfüllt, wie der Wunsch, heil und gesund aus dem Irak zurückzukommen – wobei ich anmerken möchte, dass der Mensch, der als Soldat in den Irak zieht, eventuell schon vorher seine Wünsche besser überdacht hätte. Denn wenn er dort wirklich nicht hinwollte, dann wäre er auch nicht dort. Aber er wird wahrscheinlich Angst gehabt haben, dass man ihn dort hinschickt – und schneller als er gucken konnte, saß er im nächsten Flugzeug in den Irak.

Genauso ist es mit dem Flugzeug-Beispiel. Wenn Sie z.B. vergessen haben, im Vorfeld sich zu wünschen, dass Sie heil und gesund ankommen möchten und der Flieger schon in der Luft ist, Sie sich dann wünschen, heil und gesund anzukommen und alles richtig machen und das Flugzeug stürzt ab, weil 80 Prozent der Insassen panische Angst vorm Fliegen haben und ständig denken „Hoffentlich stürzen wir nicht ab, hoffentlich stürzen wir nicht ab", werden Sie, wie durch ein Wunder, überleben. Auch das ist schon öfter passiert und niemand konnte es rational erklären.

Das Prinzip funktioniert *immer.* Ob Sie krebskrank sind und nur noch vier Wochen zu leben haben oder ob Sie sich einen tollen Parkplatz wünschen. Der Unterschied existiert nur in unserer Vorstellung. Nur unser Verstand unterscheidet.

Ich gebe zu, es dürfte schwieriger sein, den eigenen Verstand zu überzeugen, dass man gesund ist, wenn man erfährt, dass man nur noch vier Wochen zu leben hat. Aber es geht. Es gibt zahllose Beispiele von solchen „Wunderheilungen".

Bei vielen dieser Wunderheilungen haben die Menschen einfach folgendes gemacht: Während der Krankheit haben sie sich (natürlich) gewünscht, gesund zu sein, aber immer stark daran gezweifelt oder auf ein neues Wundermedikament gehofft (sich also mit dem Verstand auf das *Wie* konzentriert) und somit den Wunsch selbst blockiert.

Nun, wo sie gesagt bekommen haben, dass sie nicht mehr lange zu leben haben, sagten sie sich, jetzt wo sowieso alles egal ist, lebe ich. Ich lasse es mir gutgehen – und haben nur noch gemacht, was ihnen Spaß macht.

Damit haben sie die Krankheit und alles Negative losgelassen und so konnte es verschwinden und der Wunsch nach Gesundheit konnte erfüllt werden. Sie haben sich neu ausgerichtet und das, was diese furchtbare Krankheit angezogen hat, war weg – also musste auch die Krankheit gehen.

Bei mir war es eine Heilpraktikerin, die meinen Bandscheibenschaden mittels Akupunktur in kürzester Zeit geheilt hat, obwohl alle Ärzte gesagt haben, ohne OP kann ich mich nicht mehr bewegen.

Andere gehen zu „Wunderheilern" und lassen sich von diesen die Hand auflegen. Wieder andere fahren z.B. nach Lourdes, um dort ins eiskalte Wasser zu gehen und sind plötzlich geheilt.

Aber weder die Hand des Wunderheilers, noch das kalte Lourdes-Wasser haben diese Menschen geheilt. Nein – sie waren es selbst! Durch die Überzeugung, dass sie geheilt werden, haben sie die Krankheit losgelassen und weg war sie.

„Und Jesus sprach zu ihm: Sei sehend! Dein Glaube hat dir geholfen."

Lukas, Kapitel 18, Vers 42

„Und er sprach zu ihm: Stehe auf, gehe hin; dein Glaube hat dir geholfen."

Lukas, Kapitel 17, Vers 19

Nicht Jesus hat ihn geheilt. Jesus selbst hat es den Menschen gesagt, dass sie sich selbst durch ihren Glauben geheilt haben!

An der Stelle muss ich unbedingt anmerken, dass ich hier niemandem empfehle, von jetzt auf nachher all seine Medikamente, die er eventuell nimmt, einfach wegzuwerfen. Das kann man nur dann, wenn man durch und durch überzeugt ist bzw. wirklich komplett das Thema loslässt und das sollte man zunächst mit ungefährlicheren Dingen (wie z.B. Parkplätzen) üben. Danach kann man sich auch an gesundheitliche Dinge „herantrauen".

Ich habe z.B. meine Gicht wegbekommen, indem ich davon überzeugt war, dass ich keinerlei Probleme mehr diesbezüglich habe. Nachdem ich einige Tage immer wieder meinen Verstand davon überzeugt habe, habe ich die Tabletten, die ich gegen meine Gichtanfälle genommen habe, zunächst reduziert. Meine innere Stimme hat mich dann dazu gebracht, dass ich mir Honig-Salbei Tee gekauft und diesen probiert habe. Seitdem trinke ich jeden Tag zwei Tassen davon. Irgendwann viel später habe ich gelesen, dass Salbei ebenfalls gegen Gicht hilft; d.h. meine innere Stimme oder mein intuitiver Geist (oder wie immer Sie es nennen möchten) wusste etwas, was mein Verstand nicht wusste. Da ich darauf gehört habe, wurde mein Wunsch, die Gicht in den Griff zu bekommen erfüllt.

Als es wesentlich besser wurde, habe ich die Tabletten nach zwei Wochen ganz abgesetzt. Zwei Tage danach hatte ich plötzlich einen ganz leichten Anfall und ganz kurzfristig hat mein Verstand dann gesagt „Siehst du, du Spinner – das hast du jetzt davon". Aber ich konnte ihn Gott sei dank gleich beruhigen und sagte mir, dass dies nur ein kleines „Nachbeben“ ist und ein paar Minuten später war alles gut und seitdem habe ich überhaupt keine Probleme mehr mit dem Thema. Auch hier sei allen (Verstands-)Skeptikern gesagt, dass man die Gicht durch den Harnsäure-Wert bei mir nachgewiesen hatte. Es war also keine „vorgetäuschte“ Krankheit. Entscheidend ist, dass man die Regeln befolgt und auf seine innere Stimme hört, die einem zu der Erfüllung des Wunsches führt. Teilweise auf sehr interessanten Wegen.

Wenn Sie dieses Buch zu Ende gelesen haben und wieder in Ihr „normales Leben“ zurückkehren, sollten Sie unbedingt das hier Gelernte üben. Üben, üben und nochmals üben! Es ist ein richtiges Training. Stellen Sie es sich tatsächlich so vor! Wenn Sie z.B. nach über 15 Jahren zum ersten Mal wieder anfangen, richtig Sport zu machen, können Sie auch nicht gleich einen 40-Kilometer-Marathon gewinnen. Sie müssen erst einmal langsam anfangen und regelmäßig trainieren. Und je mehr Sie üben und kleinere Wünsche in Erfüllung gehen, desto größer wird Ihre Überzeugung, dass es funktioniert, desto tiefer verinnerlichen Sie diese Überzeugung, desto besser hören Sie Ihre innere Stimme und desto größere Wünsche können Sie sich erfüllen, bis es schließlich keine Grenzen mehr für Sie gibt.

Natürlich gibt es auch hier sogenannte Naturtalente, also Menschen, die solche Dinge gleich komplett verinnerlichen – andere brauchen Jahre dazu. Jeder Mensch bzw. jedes Lebewesen ist unterschiedlich – das macht das Leben ja gerade so spannend. Sie müssen für sich den Weg finden, das hier Gelernte in die Praxis umzusetzen.

Ich kann Ihnen nur den Weg, die Regeln und Beispiele zeigen. Gehen müssen Sie den Weg selbst – in Ihrem Tempo. Haben Sie Geduld und vor allen Dingen Vertrauen!

Wichtig ist, dass Sie Ihre Gedanken kontrollieren. Sie sollten bewusst denken und alles, was Sie tun, sollten Sie bewusst tun. Damit werden Sie feststellen, dass Sie unter Umständen derzeit sehr viele negative Schwingungen den ganzen Tag über aussenden, die letztendlich für die Dinge in Ihrem Leben verantwortlich sind, die nicht so laufen, wie Sie es gerne möchten.

Schalten Sie diese negativen Schwingungen nach und nach ab und ersetzen Sie sie durch positive Schwingungen! Denken Sie an die Autofahrt und den langsamen Fahrer. Sich aufzuregen zieht nur noch mehr zu Ihnen, über das Sie sich aufregen können.

Wenn Sie in der Zeitung lesen, dass die Steuern wieder erhöht werden und sich darüber aufregen, müssen Sie nur noch mehr Steuern zahlen oder bekommen urplötzlich eine Rechnung ins Haus mit der Sie gar nicht gerechnet haben.

Wenn Sie in den Nachrichten hören, dass es irgendwo ein Erdbeben gab und sich damit beschäftigen und mit den armen Menschen dort mitleiden – was meinen Sie was dann passiert?

Ihr Mitleid wird den Menschen dort nicht helfen – aber Sie werden etwas damit anziehen, womit Sie selbst leiden müssen, denn wenn Sie Leid aussenden, bekommen Sie Situationen und Ereignisse geliefert, bei denen Sie leiden müssen.

Wups! – an diesem Punkt sagen mir immer wieder Leute, was das denn jetzt soll. Sollen sie etwa kein Mitleid mit den armen Opfern haben? Sollen sie etwa ihre Menschlichkeit über Bord werfen und ein eiskalter Egoist werden, nur um ihre eigenen Wünsche zu erfüllen?

Ich sage dann immer, dass sie entweder nicht richtig zugehört oder mich nicht richtig verstanden haben. Das Problem ist doch, dass wir alle so aufgewachsen sind, dass wir von unseren Eltern, Großeltern, Geschwistern, Mitschülern, Lehrern und wem auch immer, immer wieder gehört haben: „Ach Gott – die armen Menschen haben nichts zu essen, trinken, kein Dach über dem Kopf, etc. …"

Die meisten haben dann aber auch nichts getan, um das zu ändern (Stichwort: Was kann ich denn schon tun …).

Somit haben wir diese Einstellung übernommen und praktizieren sie jetzt ganz automatisch. Wir haben sie im Unterbewusstsein gespeichert. Nun betrachten wir uns die Sache unter dem Gesichtspunkt, den wir hier gelernt haben. Ich ziehe das herbei, was ich an Schwingungen aussende. Wenn ich das verinnerlicht habe, *muss* ich einfach aufhören, Leid auszusenden. Ob es jetzt mein eigenes Leid ist oder das Mitleid mit einem anderen Wesen.

D.h. nicht, dass mir das andere Wesen egal sein soll – im Gegenteil. Sie hören ja auch auf damit, negative Schwingungen zum

Thema Parkplatz, Geld, Job, Gesundheit oder Beziehungen auszusenden, weil Sie dort positive Ereignisse anziehen möchten. Also hören Sie um Himmels Willen auch auf damit, negative Schwingungen für andere auszusenden.

Damit machen Sie deren Situation im besten Fall nicht schlimmer – besser machen Sie sie auf gar keinen Fall, aber oft noch schlimmer, als sie schon ist. Wenn es irgendwo ein Erdbeben gibt, dann stürzt sich sofort die gesamte Weltpresse darauf, weil sie unbedingt ihre Zeitung oder Sendung verkaufen wollen. Und seltsamerweise kann man schlimme Nachrichten besser verkaufen als gute, weil mehr Menschen das Negative eher akzeptieren – erinnern Sie sich an mein Beispiel ganz am Anfang, wenn jemand auf Sie zukommt und sagt, wie toll bzw. schlecht Sie aussehen.

Alle Welt leidet nun mit den armen Opfern mit. Einige tun sogar etwas, indem sie Decken, Nahrungsmittel oder Medikamente spenden – das ist in Ordnung. Nur das Mitleid, dass plötzlich Millionen Menschen schwingungsmäßig zu diesem Ereignis aussenden zieht i.d.R. Folgeprobleme bei (s. GEMEINSAMES ERSCHAFFEN).

So sind dann plötzlich die Wege zu den Opfern nicht passierbar und die ganzen Hilfsgüter kommen nicht an. Die Lebensmittel verrotten unterwegs, weil die Helfer nicht schnell genug durchkommen, es bricht eine Epidemie aus oder was weiß ich.

Damit bekommen die Menschen, was sie ausgesendet haben – noch mehr Leid, über das sie jammern können.

Würde jetzt alle Welt die Regeln befolgen, die ich Ihnen hier erklärt habe, würden Sie sagen: „Oh Gott – die armen Menschen. Denen müssen wir unbedingt sofort helfen."

Und Sie würden sich das *vorstellen,* was diese Menschen jetzt dringend brauchen. Sie würden sich bildlich vorstellen, wie diese Menschen von Hilfskräften gerettet werden, wie ihnen Lebensmittel und Medikamente gebracht werden, wie ihre Häuser wieder aufgebaut werden und wie sie wieder glücklich sind. Nachdem Sie sich das vorgestellt haben, dürfen Sie natürlich gerne etwas zu der Umsetzung dieser Schwingungen beitragen, indem Sie Geld oder Sachen spenden. *Damit* helfen Sie den Leuten. Und damit sind Sie mit Sicherheit kein rücksichtsloser Egoist, der nur an sich denkt.

Kurze Zwischenbemerkung: Der Begriff Egoist hat bei uns leider einen sehr negativen Ruf. Meiner Meinung nach deshalb, weil viele den Egoismus mit Rücksichtslosigkeit verwechseln.

Ich bin der Überzeugung, dass wir alle Egoisten sind und auch sein müssen und das gut ist. Wir haben uns in diesen Körper versetzt, um individuell zu sein.

Aber – ich bin nicht der Meinung, dass wir rücksichtslos sein sollten. Im Gegenteil: Je mehr wir anderen geben, desto mehr werden wir empfangen. Also ist Geben die egoistischste Eigenschaft überhaupt und sie hilft allen. Wie so vieles steht es schon in der Bibel:

„Geben ist seliger als nehmen"

Apostelgeschichte, Kapitel 20, Vers 35

Auch dabei muss man wieder unterscheiden – zwischen Geben, weil ich es muss oder sollte und zwischen Geben, weil ich es möchte. Das erstere ist das sogenannte Opfern. Wenn ich etwas opfere, sende ich schlechte Schwingungen aus und werde demnach auch nur Schlechtes bekommen.

Wenn ich gebe, weil es mir Spaß macht und ich es will, dann sende ich gute Schwingungen aus und bekomme demnach etwas Gutes. Menschen, die dagegen rücksichtslos sind, werden ebenfalls empfangen. Rücksichtslosigkeit. So besagen es die universellen Regeln.

Es geht also darum, wie man den Leuten wirklich helfen kann. Eine andere gute Idee wäre noch, wenn sich viele Menschen versammeln und gemeinsam voller Überzeugung Affirmationen aussprechen, die den Betroffenen helfen.

Wenn Sie jetzt sagen, so etwas gibt es doch schon – jeden Sonntag in der Kirche, dann stimme ich bedingt zu. Natürlich treffen sich sonntags auch viele Menschen in einer Kirche und sprechen gemeinsam Affirmationen, die sie Gebete nennen. Das Problem dabei ist aber oft, dass die meisten diese Gebete einfach nur auswendig gelernt haben und nicht wirklich überzeugt sind von dem, was sie da tun. Sie machen es, weil man „das halt so macht".

Schauen Sie sich Gemeinden an, wo die Menschen noch voller Überzeugung in die Kirche gehen und beten. Dort passieren auch ab und an „Wunder".

Besonders gut helfen kann man natürlich, indem man diesen Menschen auch von diesen Regeln erzählt und ihnen erklärt, wie sie selbst sich helfen können – dann kommt es zukünftig gar nicht erst zu solchen Katastrophen. Das ist eine Sache, die ich definitiv noch mache.

Da die Nachrichten und Zeitungen leider voll von Horrormeldungen sind, habe ich übrigens vor drei Jahren aufgehört, Nachrichten zu sehen. Ich muss gestehen, seitdem geht es mir wesentlich besser. Anfangs, als ich diese Regeln gehört habe, hatte ich nämlich das Problem, dass ich die negativen Nachrichten noch intensiver aufgenommen habe, als sie sowieso schon sind und die Negativität hat sich bei mir enorm verstärkt. Deshalb habe ich aufgehört, mir diese Dinge anzuschauen.

Wenn ich etwas mitbekommen soll, dann bekomme ich das auch mit. Dafür sorgt die universelle Energie und das weiß ich und der Börsenkurs wird auch nicht besser dadurch, dass ich irgendwo höre oder lese, dass er gerade in den Keller rauscht.

Das Wichtigste im Überblick:

Gemeinsames Erschaffen ermöglicht auch große Wunder, wie den Fall der Mauer. Der Glaube versetzt Berge. Das ist kein Spruch, sondern die Wahrheit.

Unterscheiden Sie zwischen Egoismus und Rücksichtslosigkeit. Wenn wir aus Freude geben, bekommen wir noch mehr zurück.

Haben Sie kein Mitleid mit anderen, sondern Mitgefühl und wünschen Sie ihnen Gutes.

Die erste Regel lautet: Wünsch' dir was!

Die zweite Regel lautet: Sei überzeugt, dass du es bekommst und lass den Wunsch los!

Die dritte Regel lautet: Konzentriere dich auf das Gute und erwarte die Erfüllung!

Die vierte Regel lautet: Üben, üben, üben!

Die fünfte Regel lautet: Bringe deinen Verstand zur Ruhe und höre auf deine innere Stimme!

Die sechste Regel lautet: Tue alles, was du tust, bewusst!

Die siebte Regel lautet: Visualisiere das Gewünschte und programmiere dein Unterbewusstsein durch Affirmationen mit Freude neu!

Die achte Regel lautet: Respektiere die Wünsche anderer und vertraue auf die Erfüllung deiner Wünsche!

Die neunte Regel lautet: Je mehr du aus Freude gibst, desto mehr wirst du empfangen.

Des Pudels Kern

Zum Schluss habe ich noch ein paar Dinge, die mir sehr wichtig sind, Ihnen mitzuteilen, denn viele wünschen sich Dinge und wundern sich, was sie geliefert bekommen.

Oft wünschen wir uns nämlich nicht das, was wir uns eigentlich wünschen wollen, sondern etwas, von dem wir nur glauben, dass wir es uns wünschen.

Etwas kompliziert der Satz, ich weiß.

Nehmen wir deshalb wieder ein Beispiel. Sie erinnern sich an die Geschichte, die ich vorhin beschrieben habe, mit dem jungen Mann, der den Pakt mit dem Teufel geschlossen hat, weil er unbedingt mit einer bestimmten Frau zusammen sein wollte.

Das ist ein sehr gutes Beispiel. In seinem Wahn, dass er ja alles weiß, denkt der Verstand, es muss diese bestimmte Frau sein.

Der Kern des Wunsches wäre aber eigentlich: Ich will einen Partner finden, der optimal zu mir passt, der mich liebt, den ich liebe und mit dem ich glücklich bin. Damit kann die universelle Energie ohne Störung fließen und Ihnen diesen Partner bringen.

Ein anderes Beispiel, was sich viele oft falsch wünschen, ist Geld. Wünschen Sie sich das Geld wirklich, weil Sie das Geld haben wollen? Oder eher, weil Sie sich mit dem Geld etwas kaufen möchten oder verreisen oder Rechnungen bezahlen?

„Wenn dein einziges Ziel ist, reich zu werden, wirst du es niemals erreichen“

Denken Sie an den Spruch von Herrn Rockefeller. Auch hier ist es wichtig, den wahren Kern des Wunsches zu erkennen. Wünschen Sie sich statt des Geldes doch lieber gleich die Reise, das Haus, das Auto oder den Ausgleich Ihrer Schulden. Damit ermöglichen Sie der universellen Energie, dass sie Ihnen den Wunsch auf noch viel mehr Wegen bringen kann, als nur über Geld.

Das gleiche gilt für den Wunsch nach einer besseren Arbeit. Wünschen Sie sich nicht einen bestimmten Arbeitsplatz bei einer bestimmten Firma, sondern wünschen Sie sich einen Arbeitsplatz, bei dem Sie viel Spaß haben, sich entfalten können, gut verdienen und viel Freizeit haben und lassen Sie sich überraschen, wo das Universum Sie hinführt.

Beim Thema Gesundheit kann man eigentlich nicht viel falsch machen. Stellen Sie sich einfach vor, wie Sie gesund und munter Ihren Lieblingsbeschäftigungen nachgehen. Wie Ihr Körper vollständig in Ordnung ist.

Je mehr wir uns auf den eigentlichen Kern unseres Wunsches konzentrieren, desto schneller und „wundersamer“ kann er erfüllt werden. Wir machen uns dabei auch wesentlich weniger Gedanken über das *Wie*.

Wenn ich mir z.B. Geld wünsche, kommt sofort der Verstand und sagt „Na ja – viele Möglichkeiten gibt es ja nicht, zu Geld zu kommen. Ein Lottogewinn sollte es dann sein ...“ Wenn ich mir das Geld aber z.B. wünsche, weil ich unbedingt eine tolle Reise machen möchte, dann sollte ich mir nicht das Geld, sondern gleich die Reise wünschen.

In diesem Fall kann die universelle Energie den Wunsch nämlich auf viel mehr Wegen erfüllen, als nur durch Geld.; z.B. könnte ich die Reise bei einem Gewinnspiel gewinnen oder ein Bekannter/Verwandter, der kurzfristig verhindert ist, schenkt mir seine Reise oder, oder, oder ...

Was soll ich mir nur wünschen?

Ich habe mittlerweile einige Menschen kennen gelernt, die irgendwie nicht wissen, was sie sich wirklich wünschen sollen.

Sie wünschen sich im einen Moment dies und im nächsten das und oft steht das eine zum anderen im Widerspruch; d.h. selbst wenn sie alle Regeln aus diesem Buch perfekt anwenden, werden sich so ihre Wünsche niemals erfüllen, weil sie sich gegenseitig außer Kraft setzen.

Man muss es mit einem Weg vergleichen, den man geht. Wenn ich an eine Kreuzung komme und mich zunächst entschließe, nach links zu gehen, dann zwei Kilometer nach links gehe und dann plötzlich der Meinung bin, doch lieber nach rechts zu gehen und dann vier Kilometer dorthin gehe, dann aber wieder meine, nach links ist doch besser und gehe wieder zwei Kilometer nach links, dann bin ich dort, wo ich angefangen habe.

Warum ist das so?

Nun – ich selbst bin schon immer ein Mensch gewesen, der meistens wusste, was er will und ich bin den Weg gegangen in der festen Überzeugung, dass es der richtige für mich ist (auch wenn es lange Zeit ein Weg war, der von meinem Verstand gewählt und deshalb nicht ans Ziel geführt hat ...).

Von daher habe ich mich lange schwer damit getan, überhaupt zu akzeptieren, dass es Menschen gibt, die das nicht können. Man schließt dummerweise oft von sich auf andere und das ist bei den Milliarden unterschiedlicher Wesen auf diesem Planeten, die alle einzigartig sind, nun mal ein Fehler.

Mittlerweile habe ich aber, nach vielen Gesprächen und Beobachtungen herausgefunden, dass es für viele so ist, dass ihnen der Weg immer zu lang vorkommt und sie oft aus Bequemlichkeit lieber einen anderen Weg gehen, von dem sie (bzw. ihr Verstand) glauben, dass er kürzer oder einfacher sei. Unterwegs merken sie dann aber, dass dem nicht so ist und gehen dann doch lieber wieder in die andere Richtung. Doch auch dieser Weg erscheint ihnen dann plötzlich noch länger und so drehen sie wieder um und kommen nicht wirklich voran.

Lao-Tse hat hierzu einen schönen Satz gesagt:

„Jede Reise beginnt immer mit dem ersten Schritt.“

Dieser Satz hat mich schon oft motiviert, wenn ich eine Aufgabe zu bewältigen hatte bzw. bewältigen wollte, die zunächst als riesig erschien. Wenn man dann aber die Dinge einfach anpackt und sozusagen den ersten Schritt tut und sich dann immer wieder voll auf den nächsten Schritt konzentriert, merkt man rasch, wie schnell man doch vorwärts kommt.

Jemand anderes hat gesagt: *„Jede Entscheidung ist besser als gar keine."*

Leider weiß ich nicht, wer das ursprünglich einmal gesagt hat. Es spielt aber auch keine Rolle, wichtig ist nur, dass sehr viel Wahrheit darin steckt. Wir sind in unseren Körper gekommen, um Erfahrungen zu sammeln. Und Erfahrungen sammelt man nur, wenn man an der Kreuzung in eine Richtung weitergeht und nicht immer wieder umdreht und an der gleichen Stelle ankommt und sozusagen im Kreis läuft.

Wenn Sie an solch einer Kreuzung ankommen und partout nicht wissen, in welche Richtung Sie gehen sollen bzw. was Sie wirklich wollen, dann wenden Sie einfach das hier Gelernte an.

Wünschen Sie sich doch einfach, zu erfahren, was Sie sich wirklich wünschen. Was wirklich gut für Sie ist. Und wenn Sie die universellen Regeln befolgen, wird Ihnen auch dieser Wunsch erfüllt und Sie werden plötzlich genau wissen, wo Sie lang gehen sollen. Und mit jedem Schritt, den Sie gehen, werden Sie noch sicherer sein, dass es der richtige Weg für Sie ist.

Auf diese Art und Weise haben schon viele Menschen ihre eigentliche Bestimmung herausgefunden. Je mehr man in sich hinein, auf seine innere Stimme hört, desto klarer wird alles. Wenn Sie z.B. einen Beruf ausüben, der Ihnen so gar keinen Spaß macht, Sie ihn aber dennoch ausüben, weil Sie (bzw. Ihr Verstand) meinen, dass Sie es machen müssen, um Geld zu verdienen, dann wird dieser Beruf Ihnen langfristig nur Probleme bringen. Entweder werden Sie krank oder Sie sind unglücklich, haben immer mehr Schulden oder, oder, oder ....

Ich habe in den letzten Jahren sehr viele Menschen kennen gelernt, die genau das erlebt haben und andere, die sich gerade auf dem Weg dorthin befinden.

Wenn man das weiß, was ich Ihnen hier erklärt habe, weiß man auch, warum es so sein muss. Wenn ich jeden Tag zur Arbeit gehe und mich schon beim Gedanken daran schlecht fühle, kann ich keine guten Schwingungen aussenden. Ich sende schlechte Schwingungen aus und die Regeln besagen, dass ich demnach auch schlechte Schwingungen zurückbekomme.

Hören Sie aber auf Ihre innere Stimme, die Ihnen vielleicht mitteilt, dass Sie malen, musizieren, schreiben, mit Pflanzen oder alten Menschen oder mit Kindern arbeiten sollten, statt Ihren bisherigen Beruf weiterzumachen, werden Sie feststellen, dass sich Ihnen plötzlich Türen öffnen, die Sie vorher noch gar nicht kannten. Sie lernen Leute kennen, die Ihnen auf diesem Weg helfen und Sie unterstützen und Sie werden genug Geld haben, um all

Ihre anderen Wünsche zu erfüllen. Viel wichtiger aber ist, dass Sie bei dem, was Sie tun, dann auch glücklich sind. Dabei spielt es gar keine Rolle, welchen Beruf Sie ausüben.

Nicht Nicht

Etwas, was ich noch nicht erwähnt habe und das von vielen auch immer wieder falsch gemacht wird, mit teilweise verheerenden Resultaten, weil sie es nicht wissen: Wünschen Sie immer im Positiven – *nie im Negativen.*

Beispiele:

Wenn Sie krank sind, wünschen Sie sich „Ich will gesund sein" bzw. noch besser „Ich bin gesund" – auf gar keinen Fall „Ich will nicht mehr krank sein"!

Wenn Sie in Armut leben oder Schulden haben, wünschen Sie sich „Ich bin reich" und niemals „Ich will nicht mehr arm sein" oder „ich will keine Schulden".

Bei Partnerproblemen wünschen Sie sich „Alles läuft harmonisch und wir sind glücklich". Bitte nicht „ich will keinen Streit mehr".

Sagen Sie Ihrem Kind niemals: „Fall nicht hin!" Sagen Sie immer „Pass schön auf!"

Warum?

Weil alle Schwingungen, die wir aussenden, erschaffen. Und man kann nicht etwas *nicht* erschaffen. Oder haben Sie schon einmal *nicht* Dunkelheit erschaffen?

Nein – Sie erschaffen Licht, indem Sie z.B. den Schalter betätigen und damit verdrängen Sie die Dunkelheit.

D.h. wenn ich meinen Wunsch im Negativen formuliere, passiert im besten Fall nichts. Meistens wird aber genau das eintreten, was ich mir nicht wünsche ...

Wie oft haben Sie schon gehört oder vielleicht selbst gesagt:

„Hoffentlich regnet es jetzt nicht" – und es begann kurz danach zu schütten.

„Hoffentlich geht dies oder das nicht kaputt" – zwei Tage später war es dann soweit.

„Hoffentlich werde ich nicht krank" – und kurz darauf lagen Sie mit Fieber im Bett.

Hierzu eine kleine Übung: Stellen Sie sich einmal vor, Sie sitzen in einem Auto und es fängt an zu regnen. Der Regen prasselt langsam und leise auf das Autodach. Dann immer schneller und härter. Können Sie ihn hören?

Es regnet immer mehr und das Prasseln nimmt immer mehr zu.

Und jetzt denken Sie *nicht* an Regen!

Na?

Sie können nicht *nicht* an etwas denken! Sie können nur an etwas anderes denken. Hätte ich Ihnen jetzt gesagt, denken Sie an

Sonnenschein, hätten das viele, die jetzt an Regen gedacht haben, auch tatsächlich geschafft.

Übrigens, ein weiteres praktisches Beispiel, dass das, was ich Ihnen hier erzähle auch in der „Realität" immer weiter Verbreitung findet, ist die Tatsache, dass dieser Fakt auch in der Erziehung verwendet wird und wissenschaftlich nachgewiesen ist. Wenn Sie einem Kind immer nur verbieten, erreichen Sie genau das Gegenteil von dem, was Sie wollen („Tu das nicht, tu jenes nicht ...").

Bei der Erziehung hat man gelernt, dass man die Kinder durch positive Hinweise schneller da hinbekommt, wo man sie hinhaben will.

Ein Beispiel: Statt zu sagen „Spring nicht auf dem Bett herum", sollte man dem Kind sagen, dass es lieber auf dem Boden spielt und es ihm ggf. zeigen.

Lästermäuler

Und weil wir gerade so schön dabei sind, über Dinge zu reden, die man besser *nicht* machen sollte, an der Stelle noch deutliche Beispiele, was einem i.d.R. Negatives bringt, obwohl „man doch gar nichts gemacht hat".

Es liegt in der Natur der Menschen, sich über andere zu unterhalten. Diese Unterhaltungen ufern leider nur meist in gnadenloses

Lästern aus – zumindest war das bei mir früher so und ist auch bei sehr vielen Menschen, die ich kenne, so. Meist merkt man das gar nicht, weil sich ein Gespräch einfach so entwickelt und weil viele es machen.

Wenn ich nun aber über jemand anderen lästere, weil er zu dick, zu dünn, zu groß, zu klein, zu arm, zu reich oder sonst etwas ist, schicke ich (bewusst oder unbewusst – das spielt keine Rolle) fast immer auch eine negative Schwingung aus, die mir wiederum, gemäß den universellen Regeln, negative Dinge, Ereignisse oder Menschen liefert, so dass ich mich nicht wundern muss, wenn plötzlich etwas Schlimmes in meiner Lebenssituation passiert. Oft hört man dann noch von Betroffenen „Kleine Sünden straft der liebe Gott sofort ..."

Seitdem ich aufgehört habe, über andere herzuziehen, geht es mir ebenfalls wesentlich besser, wobei ich ehrlich gestehen muss, dass es auch heute noch vereinzelt passieren kann, dass mein Verstand sich doch über einen Mitmenschen auslässt ... und sei es nur in Gedanken.

Laut Statistik

Kennen Sie diesen Satzanfang? Mit Sicherheit. Man bekommt es ständig und überall zu hören. Laut Statistik haben vier von drei Männern Probleme mit dem Gewicht und fünf davon sind Raucher ...

Was sind Statistiken aus der Perspektive des hier Gelernten? *Gift!* Gift für unsere Wünsche. Denn wenn wir uns etwas wünschen und lesen irgendwo, dass laut Statistik dieser Wunsch nur in zwei Prozent aller Fälle in Erfüllung geht, wird es schwer, die Überzeugung aufrechtzuerhalten, dass der Wunsch sich erfüllt.

Nehmen wir das vorher verwendete Beispiel eines Menschen, der gesagt bekommt, dass er nur noch vier Wochen zu leben hat, weil er eine unheilbare Krankheit hat. Wenn dieser Mensch nun noch hört oder liest, dass laut Statistik 99,8 % aller Menschen, die diese Krankheit hatten, in kurzer Zeit gestorben sind und wenn er das auch noch glaubt, dann gute Nacht.

Wenn er clever ist, sagt er, 0,2 % haben es aber überlebt und ich gehöre dazu – dann muss er es aber auch wirklich durch und durch glauben – das fällt wiederum den meisten (laut Statistik) schwer.

Am besten ist es, wenn man Statistiken überhaupt nicht berücksichtigt, wenn man sich irgendetwas wünscht. Denn: Statistiken sind lediglich Sammlungen von etwas, das in der Vergangenheit (anderen) passiert ist. Das heißt nicht, dass es immer wieder passieren muss.

Nehmen Sie mein Beispiel mit der Bandscheibe. Laut Statistik werden die allermeisten Menschen, die in eine solche Situation geraten, operiert und haben anschließend dennoch (oder gerade deshalb?) Probleme. Gut, dass ich nicht auf die Statistiken gehört habe!

Hören Sie die Stimme?

An dieser Stelle möchte ich noch einmal auf die Wichtigkeit der inneren Stimme, des intuitiven Geistes oder des sogenannten Bauchgefühls eingehen. (Sie sehen – auch hier gibt es massenweise verschiedene Begriffe für ein und dieselbe Sache. Und wir Menschen wundern uns, dass wir einander nicht verstehen ...)

Ich habe Ihnen schon beschrieben, wie wichtig diese innere Stimme ist. Sie ist unser direkter Draht zur universellen Energie und daher weiß die innere Stimme auch, was noch auf uns zukommt, während unser armer Verstand ja „nur" weiß, was schon passiert ist.

Wenn man unser Leben mit einer Autofahrt vergleicht, kann man sagen, dass diese innere Stimme unser Vorderfenster ist, während der Verstand „nur" der Rückspiegel ist. I.d.R. braucht man beides, um gesund und sicher ans Ziel zu kommen, aber wesentlich wichtiger ist das Vorderfenster – zumindest, wenn man gerade vorwärts fährt.

Diese innere Stimme sagt uns oft, was wir tun sollten, damit wir z.B. zur richtigen Zeit am richtigen Ort sind (s. das Job-Beispiel mit dem Onkel im Supermarkt) *oder* zur richtigen Zeit nicht an einem bestimmten Ort (s. das Beispiel mit dem abstürzenden Flugzeug).

Der Knackpunkt ist natürlich, dass wir diese Stimme erstens hören müssen und zweitens auch auf sie hören müssen. Um die innere Stimme deutlich wahrzunehmen und die Gedanken, die sie einem gibt, von den Gedanken unterscheiden zu können, die durch den Verstand erzeugt werden, muss man den Verstand zur Ruhe bringen. Wie anfangs erwähnt, kann man dies auf allerhand Art und Weise. Der eine meditiert, der andere macht Tai Chi, der nächste kann das bei Extremsport, wieder ein anderer geht den Jakobsweg und, und, und ... Wie Sie das anstellen, spielt auch keine Rolle.

Wichtig ist nur, dass der Verstand ruhig ist und nicht am laufenden Band irgendwelche Gedanken generiert. Wenn Sie das geschafft haben, können Sie diese innere Stimme klar und deutlich vernehmen. Und je öfter Sie das üben bzw. trainieren, umso öfter und deutlicher hören Sie diese Stimme.

Was mir auch immer wieder hilft, ist mit dieser inneren Stimme zu reden. Ich kenne viele Menschen, die bei solchen Selbstgesprächen die tollsten Ideen haben, auf die sie sonst nie gekommen wären.

Irgendwann ist es dann auch so, dass diese innere Stimme nicht mehr nur Gedanken produziert, sondern auch Handlungen durchführt, die Sie nur unbewusst wahrnehmen. Denken Sie an mein Beispiel mit der Fahrt zum schwedischen Möbelhaus. Ich bin ganz unbewusst in die „falsche" Richtung abgebogen. Hier hat meine innere Stimme mehr gemacht, als nur gedanklich Kontakt zu mir aufzunehmen.

Ich überlasse es Ihnen, wie Sie diese innere Stimme noch bezeichnen. Im Fall der Fahrt zum Möbelhaus reden dann viele von einem Schutzengel. Andere meinen, es sei der heilige Geist, der in uns allen wohnt. Letzten Endes sind das alles nur Begriffe, die wir Menschen immer ein und derselben Sache gegeben haben.

Meine persönliche Überzeugung ist es, dass es mein geistiges Ich ist. Dieses geistige Ich, ist mit meinem Körper und meinem Verstand untrennbar verbunden, genauso wie mit der universellen Energie. Dadurch weiß es alles. Was war, was ist und weiß, was sein wird.

Auch die Bibel will uns das schon mitteilen: Gott ist in uns.

Was wird damit wohl gemeint sein ...

Lass mich los

Ich habe weiter vorne geschrieben, dass es wichtig ist, den Wunsch los- und die universelle Energie fließen zu lassen.

Das klingt einfach, ist aber aus meiner Sicht eine der schwierigsten Vorgänge überhaupt. Denn was ist ‚Loslassen' eigentlich? Das Problem ist, dass es sich beim ‚Loslassen' nicht um eine Handlung handelt; d.h. wir können nichts Bestimmtes tun, um etwas loszulassen (es sei denn, wir halten es in der Hand ...).

Es ist vielmehr eine Mischung aus Gedanken und Gefühlen, die wir „einfach" ziehen lassen müssen.

Denken Sie daran, dass die universelle Energie fließen will und fließen muss, um unsere Wünsche zu realisieren. Wenn wir an irgendetwas festhalten, kann logischerweise nichts fließen.

Ein gutes Beispiel hierfür ist der Verlust eines geliebten Wesens. Ich schreibe Wesen, weil wir nicht nur den Verlust eines geliebten Menschen betrauern, sondern auch z.B. der von unseren Tieren. Es gibt auch viele Menschen, die trauern und leiden, wenn sie bestimmte Gegenstände verloren haben.

Man kann also die Sache noch globaler beschreiben: Der Verlust von etwas, das wir lieben oder an dem unser Herz hängt. Solange wir das Verlorene nicht loslassen, wird es uns schlecht gehen. Wir werden traurig sein, teilweise verärgert und unzufrieden.

Merken Sie etwas?

Genau! Das sind die optimalen Voraussetzungen, um ganz viele Dinge und Ereignisse ganz schnell in unser Leben zu ziehen, die wir *nicht* haben wollen. D.h. je länger wir an etwas festhalten, desto schlimmer wird unsere Situation. Die Regeln besagen, dass wir, wenn wir traurig sind, noch mehr Dinge und Ereignisse bekommen, über die wir traurig sein können (ein berühmter Satz, den mit Sicherheit auch Sie schon öfter in solchen Situationen gehört, wenn nicht gar selbst oft gesagt haben: Muss das denn jetzt auch noch passieren?).

Wenn wir das, woran wir festhalten, loslassen, entsteht wieder ein Fluss. Die universelle Energie kann wieder fließen, wird das Alte wegtransportieren und uns etwas Neues bringen. Vertrauen Sie darauf und haben Sie keine Angst davor, loszulassen. Schauen Sie sich die Natur an. Alles ist ein einziger Fluss. Ein Kommen und Gehen. Es gibt keinen Stillstand.

Ich habe bisher meine größten Erfolge immer dann erzielt, wenn ich meinen Wunsch gemäß den hier genannten Regeln gewünscht und erwartet habe. Ich habe visualisiert und einen entsprechenden Glaubenssatz immer und immer wieder gesprochen und habe damit die Überzeugung verinnerlicht, dass der Wunsch auf jeden Fall erfüllt wird und mich darauf gefreut. Wenn meine Überzeugung auf dem Höhepunkt angekommen ist, habe ich den Wunsch losgelassen, indem ich mir innerlich gesagt habe, dass es nun egal ist, ob mein Wunsch erfüllt wird oder nicht.

Dass ich auf jeden Fall glücklich bin und es nehme, wie es kommt. Genau in dem Moment, wo ich das tat, wurden die Dinge in Bewegung gesetzt, die mir den jeweiligen Wunsch in Rekordzeit erfüllt haben.

Letztens habe ich mich mit jemandem unterhalten, der die Sache mit dem Loslassen nicht verstehen konnte. Daraufhin hat sich unser Gespräch so entwickelt, dass ich ihm erklärt habe, dass er statt ‚Loslassen' auch ‚Zulassen' verwenden kann. Wie schon gesagt sind Wörter nur Schall und Rauch. Jeder kann die Dinge so benennen, wie er es für richtig hält bzw. wie es seiner Überzeugung entspricht. Wenn Ihnen also Zulassen statt Loslassen besser gefällt, verwenden Sie das. Auch hierzu noch ein Beispiel, welches das Zulassen verständlicher machen soll.

Stellen Sie sich vor, jemand hat sich Reichtum gewünscht und ist überzeugt davon, dass der Wunsch erfüllt wird. Aufgrund eines Hinweises seiner/ihrer inneren Stimme, auf den er/sie glücklicherweise gehört hat, hat dieser Mensch Lotto gespielt und auch prompt sehr viel Geld gewonnen. Was würden Sie sagen, wenn der Mensch nun seinen Gewinn nicht abholen würde?

Echt blöd – nicht wahr? Seltsamerweise ist es aber genau das, was wir (Wünschenden) oft machen. Wir wünschen uns etwas, sind überzeugt davon, es zu bekommen oder zu erreichen und dann – lassen wir nicht zu, dass es zu uns kommt. Zulassen hat sehr viel mit Vertrauen zu tun. Wenn ich die hier aufgezeigten Regeln kenne und weiß, dass sie definitiv existieren, kann ich *absolut* darauf vertrauen, dass mein Wunsch in Erfüllung geht und kann ihn damit loslassen bzw. seine Erfüllung zulassen.

Wie immer ist es natürlich auch beim Los- oder Zulassen wichtig, dass es von Herzen kommt und aus Überzeugung geschieht. Sich einfach nur zu sagen, dass es einem egal ist bzw. sich einzureden, dass man vertraut und es nicht wirklich so zu meinen und zu fühlen, bringt – wie immer – nichts.

Schlaf gut

Nein – bitte nicht einschlafen! Ich hoffe doch sehr, dass dieses Buch Sie nicht zum Einschlafen bringt! Damit meine ich, dass der Schlaf ein wichtiger Bestandteil unseres Lebens und unseres Wünschens ist. Wenn ich nicht gut schlafe, dann fehlt mir die Energie und zwar nicht nur, um meinen Körper und meinen Verstand zu betreiben, sondern vor allem auch, um meine Wünsche in Erfüllung gehen zu lassen.

Lesen Sie den Satz noch einmal: … dann fehlt mir die Energie. Genau! Die universelle Energie ist es, die nicht nur unsere Wünsche erfüllt, sondern unser Leben überhaupt erst ermöglicht. Und nach allem, was ich für mich entdeckt habe, erhalten wir durch „guten Schlaf" jede Menge neue Energie.

Was ist aber guter Schlaf?

Auf jeden Fall hat guter Schlaf nichts mit der Länge des Schlafs zu tun. Ich habe an verschiedenen Stellen gelesen, dass es wichtig ist, dass man immer im 1,5 Stunden Rhythmus schlafen soll; d.h. 3 Stunden oder 4,5 oder 6 oder 7,5 usw.

Bei mir ist es in der Tat auch so. Entweder weil ich durch das Gelesene die Überzeugung so stark verinnerlicht habe, dass es so ist, oder weil es tatsächlich durch das „Gesetz des Schlafs" so geregelt ist. Auf jeden Fall funktioniert es bei mir. Diese Zeilen schreibe ich z.B. gerade, nachdem ich „nur" sechs Stunden geschlafen habe. Ich bin aber mit so viel Energie aufgewacht, dass ich mich direkt hingesetzt habe und diese Zeilen geschrieben habe.

Wie schon des Öfteren gesagt, steht und fällt alles mit Ihrer Überzeugung. Wenn Sie z.B. die Erfahrung gemacht haben, dass der Rhythmus bei Ihnen alle zwei oder jede volle Stunde oder alle 53 Minuten ist, dann halten Sie sich daran, denn davon sind Sie überzeugt und dann wird es auch funktionieren. Machen Sie es sich aber bewusst.

Was mir ebenfalls hilft ist, dass ich mir vor dem Einschlafen ebenfalls etwas wünsche. Nämlich, dass ich jetzt schnell und tief einschlafe und morgen um xx:xx Uhr topfit und voller Energie aufwache. Meistens wache ich tatsächlich genau um diese Uhrzeit auf – immer ein paar Minuten, bevor mein Wecker klingelt ...

Analysieren und lernen – nicht ärgern

Und noch ein ganz wichtiger Tipp. Sie werden unweigerlich mit dem hier Gelernten nun über Ihr Leben nachdenken und feststellen, dass es einige Ereignisse in Ihrem Leben gab, die – ob positiv oder negativ – bisher nicht erklärbar waren und die nun einen Sinn ergeben.

Es ist gut, wenn Sie sich diese Ereignisse noch einmal genauer anschauen. Genauso alles, was Ihnen ab jetzt passiert. Analysieren Sie es. Wenn Ihnen z.B. etwas Gutes passiert ist bzw. ein Wunsch auf wundersame Weise besonders schnell erfüllt wurde, denken Sie nach, wie es dazu kam und lernen Sie daraus. Nutzen Sie das für die Erfüllung Ihrer weiteren Wünsche.

Genauso ist es mit den negativen Dingen, die passiert sind. Denken Sie nach, wie es dazu kam und lernen Sie daraus, damit es Ihnen nicht wieder passiert. Machen Sie bitte auf keinen Fall den Fehler, sich darüber zu ärgern. Das geht leider vielen anfangs so, weil sie denken – Mensch, bin ich blöd gewesen. Doch der Ärger bringt Ihnen nichts als noch mehr Ärger. Das wissen Sie. Deshalb müssen Sie, sobald Sie merken, dass Sie sich über irgendetwas ärgern, Ihre Ausrichtung ändern. Denken Sie direkt an etwas Schönes oder an Ihre Affirmationen. Dann wird der Ärger darin untergehen.

Denken Sie daran, dass jedes Wesen anders ist und das, was ich Ihnen hier erklärt habe, keine Anleitung darstellt, die bei jedem Menschen gleich funktioniert. Es gibt Besonderheiten und Erfahrungen bei jedem Einzelnen, die sich von denen aller anderen unterscheiden. Diese gilt es für sich selbst herauszufinden, damit man noch schneller und noch besser erschaffen kann, was man wirklich will.

Nicht was, sondern wie …

Bei der Überschrift denken jetzt wahrscheinlich einige: „Was will er denn jetzt? Vorhin hat er erzählt, dass das *Wie* nicht wichtig ist und jetzt doch?"

Lassen Sie mich den Satz vervollständigen und Sie werden wissen, was ich meine. Nicht, was man macht ist entscheidend, sondern wie man es macht, d.h. mit welcher Überzeugung.

Beispiele:

Wenn ich Rechnungen bezahlen muss, aber nicht viel Geld habe, kann ich diese Rechnungen bezahlen und mich dabei ärgern, dass alles so teuer ist und ich mir jetzt nicht etwas anderes für dieses Geld kaufen kann oder aber ich bezahle die Rechnungen und freue mich, damit anderen eine Freude zu bereiten, weil ich etwas bekommen habe und es nun bezahle. Weil ich damit den Geldfluss am Laufen halte und somit der universellen Energie ermögliche, mir neues Geld zufließen zu lassen.

In beiden Fällen zahle ich die Rechnungen. Die Handlung ist also identisch. Im ersten Fall ist es wie bei meinem Beispiel mit dem Opfern weiter vorne. Ich werde auch weiterhin wenig Geld haben und mich weiter über neue Rechnungen ärgern dürfen, weil ich den Ärger aussende. Im zweiten Fall sende ich die Freude aus und werde dadurch Geld zu mir ziehen. Die universelle Energie wird mir Geld liefern, damit ich weitere Rechnungen in Freude bezahlen kann.

Wenn ich mich gesund ernähre und nur das Beste vom Besten esse, kann das geschehen, mit der Angst krank oder dick zu werden oder mit der Freude gesund zu sein und mir das Beste vom Besten leisten zu können. Im ersten Fall werde ich schneller krank und/oder dick sein, als wenn ich mich den ganzen Tag von fettigem Fast Food ernähre. Im zweiten Fall bleibe ich gesund und werde immer fitter und schlanker.

Dies erklärt auch, warum manche Menschen auf der Autobahn immer 100 km schneller fahren, als erlaubt und nie erwischt werden – und andere, die einmal 10 km schneller fahren, sofort geblitzt werden. Die, die immer 100 schneller fahren, machen sich keinen Kopf darüber und sind davon überzeugt, nicht erwischt zu werden bzw. es ist ihnen egal (s. Loslassen). Die anderen haben direkt Angst, dass sie erwischt werden, sind auch noch davon überzeugt und schwupps wird ihnen ihr (Angst-)Wunsch erfüllt.

Es erklärt auch, warum es einige Menschen auf der Welt gibt, die mit vermeintlich üblen Machenschaften reich und/oder berühmt geworden sind und nicht erwischt werden, während andere, wenn sie im Supermarkt einen Apfel „mitgehen lassen", erwischt werden. D.h. es ist vollkommen egal, was ich mache. Es spielt nur eine Rolle, mit welcher Absicht und Überzeugung ich diese Handlung ausführe.

Ich habe z.B. ziemlich am Anfang meiner „Wunsch-Karriere" gelesen, dass, wenn man Reichtum zu sich ziehen will, sich auch so verhalten soll. Dummerweise habe ich das seinerzeit falsch verstanden und habe mir dann ein paar Dinge gekauft, die ich gerne haben wollte, obwohl ich sie mir eigentlich nicht leisten konnte. Grundsätzlich wäre das ja auch nicht schlimm gewesen, nur da ich noch am Anfang meiner Entwicklung stand, war mein Verstand seinerzeit noch sehr „mächtig" in Sachen Zweifeln und streute sofort Gedanken ein, die da lauteten: „Oje! Jetzt hast du das ganze Geld für solches Zeugs ausgegeben, was du eigentlich gar nicht gebraucht hast und hast jetzt kein Geld mehr für die Sachen, die wir dringend brauchen". Der beste Freund meines Verstandes, der Verstand meiner Frau, hat ihn natürlich gleich noch dabei unterstützt und so ging diese Handlung anfangs tatsächlich in die Hose.

Aufgrund dieser negativen Erfahrung habe ich mir die Dinge dann nicht mehr gekauft, habe aber die falschen Signale ausgesendet, weil ich es doch eigentlich so gerne haben wollte und es mir nun nicht geholt habe. Auch das ging logischerweise schief.

Danach habe ich gelernt, dass es vollkommen ausreicht, wenn ich etwas sehe, was ich haben möchte, wenn ich mir denke und fühle, dass ich es mir leisten kann, derzeit aber gar nicht brauche und dass es von ganz allein zu mir kommt, wenn es soweit ist und freue mich schon darauf. Das funktioniert wunderbar. Auch ist mein Verstand mittlerweile soweit, dass er Ruhe gibt, wenn ich es mir doch gleich kaufe. Dadurch, dass er Ruhe gibt, kommt direkt neues Geld in mein Leben. Sei es durch einen unerwarteten Gewinn, die Zahlung einer Rechnung, die ich schon abgeschrieben hatte oder einen neuen, lukrativen Auftrag, mit dem ich nicht gerechnet habe.

Sie sehen also, dass die eigentliche Handlung nicht ausschlaggebend war. Lediglich mit welcher Absicht und Überzeugung ich diese Handlung ausführe, zählt.

Machen Sie sich frei

Stopp, stopp, stopp! Sie sollen sich jetzt nicht ausziehen – wobei – wenn Sie sich dabei besser fühlen, machen Sie ruhig weiter.

Mit *freimachen* meine ich allerdings eine Art „Frühjahrsputz" in Ihrem Leben; d.h. alles, was Sie derzeit mit sich herumschleppen, aber eigentlich gar nicht mehr brauchen, sollten Sie auch entsorgen. Ich war auch immer ein Jäger und Sammler und habe alles Mögliche aufgehoben. Durch dieses Aufheben schleppt man nicht nur diese Sachen physikalisch mit sich herum (was besonders immer dann auffällt, wenn man umzieht ...), sondern man schleppt auch die Energien dieser Dinge mit sich herum und damit die Schwingungen. Wenn ich also Dinge aufhebe, hebe ich auch die Schwingungen auf, die damit verbunden sind. Sind diese Schwingungen positiv, spricht im Grunde nichts dagegen, sie aufzuheben. Bei den meisten Dingen aus der Vergangenheit verbinden wir aber auch negative Gedanken und damit auch Schwingungen.

Sollten Sie es schaffen, diese negativen Gedanken und Schwingungen loszulassen und nur die positiven aufzuheben, behalten Sie ruhig alles, was Sie irgendwo noch stapeln können. Ich habe jedoch die Erfahrung gemacht, dass viele dies nicht können und schon gar nicht, wenn Sie noch am Anfang ihrer „Regelübungen" stehen. Ferner habe ich die Erfahrung gemacht, dass, nachdem ich einiges entsorgt habe, was ich teilweise 20 Jahre mit mir herumgeschleppt habe und definitiv nie wieder brauchte, scheinbar Platz entstanden ist für Neues. Wir wissen, die universelle Energie will fließen und wenn wir durch die Sachen, die wir aufheben eine Art Staudamm bauen, kann sie nicht fließen. Wenn es also mit unseren Wünschen nicht wirklich vorwärts geht, sollten wir uns überlegen, ob wir evtl. durch das Festhalten an alten Dingen die universelle Energie am Fließen hindern.

Bei mir hat es bisher immer funktioniert. Je mehr ich entsorgt habe, desto mehr habe ich Neues bekommen. Außerdem wurde mein Kopf immer freier, was mir bestätigt hat, dass tatsächlich mit den alten Gegenständen (wie z.B. 20 Jahre alte Computerzeitschriften, die z.T. nur noch aus einzelnen Seiten bestanden) auch Gedanken im Kopf geblieben sind, die mich blockierten. Klar erinnere ich mich auch jetzt noch an diese Zeit zurück und habe nichts vergessen. Aber die Gedanken scheinen jetzt in einem speziellen Ordner archiviert worden zu sein, während sie vorher wild umherflogen.

Eine andere Erfahrung, die ich gemacht habe ist, dass ich, nachdem ich auch mein Büro entsprechend aufgeräumt habe und alles entsorgt habe, was definitiv niemand mehr braucht, viel klarer wusste, was ich eigentlich will. Mein Kopf wurde mit jedem Blatt Papier, welches ich entweder archiviert oder weggeworfen habe, immer freier für die wesentlichen Dinge.

Spieglein, Spieglein an der Wand

Was würden Sie sagen, wenn Sie jemanden beobachten, der, sagen wir mal 120 Kilogramm wiegt und entsprechend rund ist, der sich vor seinen Spiegel stellt und sein Spiegelbild umgestaltet? Er gestaltet es so um, dass es sportlich und schlank wirkt. Vielleicht ändert er am Spiegel auch die Haarfarbe und die Frisur ...

Viele würden sagen: Was soll der Quatsch?

Warum?

Weil dieser Mensch ja nur das Spiegelbild verändert hat und nicht seinen wirklichen Körper.

Wenn Sie jetzt aber wissen, dass alles, was um uns herum passiert, alle Erlebnisse und Erfahrungen, die wir machen, nur das Spiegelbild dessen sind, wie es in uns aussieht, dann müssen Sie sich fragen, ob Sie nicht auch immer wieder versuchen, das Spiegelbild zu verändern und sich immer wieder wundern, dass es nichts bringt.

Alles, was mir widerfährt, erlebe ich, weil ich es anziehe; d.h. die Schwingungen, die ich aussende, manifestieren sich in irgendeiner Form. Nehmen wir das Beispiel mit dem langsamen Autofahrer. Wenn ich mich (innen) ärgere, kommen (außen) noch mehr langsame Autofahrer oder die Ampeln sind alle rot, etc. Wenn ich versuche, das zu ändern, indem ich schneller fahre, verändere ich in dem Moment das Spiegelbild. Das Ergebnis wird entweder ein Unfall sein oder die Polizei hält mich an und meine Fahrt dauert noch viel länger.

Ich muss mich im Inneren ändern, damit sich auch das Äußere ändern kann. Nur wenn ich selbst abnehme, wird sich auch auf Dauer mein Spiegelbild verändern und ich sehe, dass ich abgenommen habe. Nur wenn ich mich bei der Autofahrt beruhige und freue, dass ich noch pünktlich ankomme, kann der langsame Autofahrer an der nächsten Kreuzung in eine andere Richtung abbiegen.

IMAGINE ALL THE PEOPLE …

Mit Sicherheit kennen die meisten dieses Lied von John Lennon. Verschwörungstheoriefanatiker gehen so weit, dass sie behaupten, er wurde nur erschossen, weil einige „Machthaber“ Angst davor hatten, was dieser Mann mit solchen Liedern und seiner Ausstrahlung hätte bewirken können.

Ist das so verrückt?

Stellen wir uns doch einmal vor, er spielt in einem großen Fußballstadion vor 60.000 Menschen dieses Lied und die meisten singen es mit und fühlen in dem Moment auch den Inhalt. Sie stellen sich wirklich vor, wie die Welt wäre, wenn es keine Grenzen mehr gäbe, keinen Hunger, kein Leid. Alle auf einmal. Und das immer wieder. Bei jedem Konzert. Weltweit.

Denken Sie an das Beispiel mit dem Fall der Mauer und lassen Sie sich dann dieses Lied noch einmal durch den Kopf gehen. Wie wäre denn die Welt, wenn die Menschen alle diese universellen Regeln anwenden würden? Wenn alle wüssten, dass sie keine Angst zu haben brauchen, weil sie alles bekommen können, was sie sich wünschen und das nichts zu ihnen kommt, was sie nicht wollen?

Wenn die Angst verschwindet, wird es auch keine Kriege mehr geben. Es wird keinen Hunger, keine Not und kein Elend mehr geben.

Aus meiner jetzigen Perspektive leben wir immer noch im Paradies. Wir wurden nie vertrieben. Wir haben es uns nur selbst zur Hölle gemacht durch unsere Angst. Die Angst, nicht genug zu haben, nicht genug zu bekommen, die Angst, dass andere mehr haben. Durch diese Angst sind all die schlimmen Dinge auf dieser Welt erst entstanden.

Doch wie wir jetzt alle wissen, ist es nie zu spät. Man kann jederzeit die Richtung ändern.

Lassen Sie also Ihre Ängste los. Konzentrieren Sie sich lieber auf das, was Sie wirklich wollen und Sie werden es bekommen.

Wie heisst das Zauberwort?

Ich denke, die meisten von Ihnen kennen diese Frage – oder? Als Kind wird man das oft gefragt, wenn man vergessen hat „Bitte" zu sagen. Bei mir heißt das Zauberwort aber *Danke.*

Und auch hier steckt erheblich mehr Wahrheit in dem Spruch, als man gemeinhin vermutet. Denn wenn wir uns bedanken, bedeutet das i.d.R., dass wir etwas bekommen haben; d.h. wenn ich mir etwas wünsche, das ich haben will und mich bereits im Vorfeld dafür bedanke, unterstreicht das meine Überzeugung, dass ich es tatsächlich bekomme noch einmal und führt in vielen Fällen dazu, dass mein Wunsch schneller erfüllt wird. Wahrhaftige Dankbarkeit ist ein enormer Wunschbeschleuniger. Allerdings muss diese Dankbarkeit auch wirklich aus Überzeugung geschehen. Ein einfaches Danke, nur weil „man es sagen muss", wird Ihnen nichts bringen.

Zusätzlich hilft es auch, die generelle Schwingung, die man aussendet, enorm zu verbessern, wenn ich mich immer mal wieder für die Dinge bedanke, die ich bereits habe; z.B. bedanke ich mich des Öfteren, dass ich einen solch tollen Körper habe, der mir so viele Dinge ermöglicht zu tun. Statt mich also über die Teile meines Körpers zu ärgern, die nicht so perfekt sind, bedanke ich mich für die Teile, die mir jeden Tag helfen z.B. zu laufen, zu schreiben, zu essen, zu lachen, zu tanzen usw. Dadurch geht es mir dann auch immer besser und ich sende noch bessere Schwingungen aus und bekomme – den universellen Regeln sei Dank – natürlich lauter positive Dinge und Ereignisse zurück.

Kontinuierliche Konsequenz

Nun, da wir fast am Ende angekommen sind, fragen sich sicherlich einige von Ihnen, wenn das alles so einfach ist, warum es dann nicht längst schon jeder anwendet. Dazu fällt mir spontan ein Tipp ein, den ein bekannter Hundetrainer neulich auf seiner Veranstaltung vor über 1.500 Fans gegeben hat. Zunächst fragte er, wessen Hund beim Klingeln an der Tür anfängt zu bellen. Fast alle hoben die

Hand. Dann sagte er, er gibt uns jetzt einen Tipp, der *garantiert* bei jedem einzelnen Hund funktioniert, wenn die Leute ihn nur konsequent jeden Tag anwenden. Nach allerspätestens sechs Wochen wird der Hund nicht mehr bellen, wenn es an der Tür klingelt. Daraufhin verkündete er den Tipp, der auch sehr einleuchtend erscheint und mit Sicherheit funktioniert. Anschließend sagte er dann, warum es trotzdem keiner von den (über 1.500) Anwesenden schaffen wird.

Es fehlt an der Konsequenz.

Man muss es nämlich bei *jedem* Klingeln so machen und das über Wochen hinweg. Er meinte, die meisten machen das mal zwei Tage und dann einen Tag nicht und dann mal wieder zwei Tage. In dem Moment, wo sie aber eine Pause machen, müssen sie von vorne beginnen ...

Was glauben Sie, wie es sich mit den universellen Regeln verhält? Viele, die ich kenne (mich eingeschlossen), wenden das, was ich Ihnen hier vermittelt habe, freudestrahlend direkt an, nachdem sie es gelesen haben – einen Tag, zwei Tage, manche drei bis vier Tage. Dann kommt aber der „Alltag" und hält einem davon ab. „Na ja – mache ich morgen wieder weiter mit meinen Übungen ..." Und ehe man es sich versieht, ist eine Woche oder ein Monat vorbei.

Gerade am Anfang passiert das sehr vielen. Wenn man dann plötzlich merkt, dass man wieder abgekommen ist, hat man einen entscheidenden Schritt nach vorne getan und kann sich wieder auf die Regeln und deren Einhaltung konzentrieren.

In der Regel ist es so, wenn Sie ein konsequenter Mensch sind, dann haben Sie auch mit diesen Regeln und deren Umsetzung weniger Probleme. Was ist ein konsequenter Mensch?

Als Beispiel nehmen wir meinen Vater. Er hat seinerzeit gesagt: „Ich höre jetzt auf zu rauchen" und dann hat er aufgehört zu rauchen. Viele andere, die ich kenne, haben auch schon öfter gesagt, dass sie jetzt aufhören zu rauchen und haben es dann nur ein paar Tage (oder Stunden ...) durchgehalten. Ein anderes Beispiel ist wieder das Fitness-Studio. Es hilft nichts, zwei Wochen lang jeden Tag ins Fitness-Studio zu rennen und danach Monate lang gar nichts zu machen. Kontinuität und Konsequentes durchziehen von dem, was man sich vornimmt, ist bei allem wichtig. Auch bei der Wunscherfüllung.

Wenn Sie aber ein inkonsequenter Mensch sind, sollten Sie sich Gedanken machen, wie Sie sich selbst „bei der Stange" halten. Manchen hilft hier z.B. das bereits weiter vorne genannte Wunschbuch oder generell ein Tagebuch, in welches man all die *positiven* Dinge schreibt, die einem passiert sind und wie man sich dabei gefühlt hat. Andere behelfen sich, indem sie sich feste Zeiten am Tag einplanen, um sich ganz bewusst hinzusetzen und ihre Wünsche im Kopf durchzugehen, sich die Erfüllung vorzustellen und sich darauf zu freuen. Wieder andere kombinieren es unter Umständen mit bereits bestehenden Abläufen. Wenn Sie z.B. schon die ganze Zeit jeden Tag eine Zeit zum Meditieren eingeplant haben, hängen Sie Ihre „Wunschphase" einfach hintendran – übrigens eine sehr gute Kombination, da durch die Meditation der Verstand zur Ruhe gebracht wird (oder werden sollte) und anschließend die universelle Energie frei fließen kann, um das Gewünschte auch schnell manifestieren zu können.

Ideal ist es natürlich auch, wenn Sie einen oder mehrere andere Menschen haben, die genauso vorgehen möchten wie Sie und Sie sich zusammensetzen und darüber reden und gemeinsam Wünsche formulieren und erwarten. Wie vorne schon beschrieben, sollte es aber ein Mensch sein, der Sie dabei auch wirklich unterstützt und nicht mit irgendwelchen Zweifeln Ihren Verstand „füttert" und damit Ihre Wünsche blockiert oder das Gegenteil davon beizieht.

Das Wichtigste im Überblick:

Denken Sie gut über Ihre Wünsche nach und treffen Sie den Kern des Wunsches! Vergessen Sie nicht, dass Sie mit Ihren Wünschen immer erschaffen und deshalb immer positive Formulierungen verwenden sollten, denn Sie können nicht etwas *nicht* erschaffen.

Halten Sie an nichts fest. Vertrauen Sie darauf, dass die universelle Energie Ihnen immer das bringt, was Sie brauchen.

Denken Sie daran, gut zu schlafen. Dadurch erhalten Sie Ihre Energie.

Lernen Sie aus Ihrer Vergangenheit.

Denken Sie daran, dass nicht Ihre Handlungen entscheidend sind, sondern Ihre Absicht, die dahinter steht.

Wahrhaftige Dankbarkeit ist eine mächtige Schwingung, die Ihren Wunsch schneller erfüllt.

Die erste Regel lautet: Wünsch' dir was!

Die zweite Regel lautet: Sei überzeugt, dass du es bekommst und lass den Wunsch los!

Die dritte Regel lautet: Konzentriere dich auf das Gute und erwarte die Erfüllung!

Die vierte Regel lautet: Üben, üben, üben!

Die fünfte Regel lautet: Bringe deinen Verstand zur Ruhe und höre auf deine innere Stimme!

Die sechste Regel lautet: Tue alles, was du tust, bewusst!

Die siebte Regel lautet: Visualisiere das Gewünschte und programmiere dein Unterbewusstsein durch Affirmationen mit Freude neu!

Die achte Regel lautet: Respektiere die Wünsche anderer und vertraue auf die Erfüllung deiner Wünsche!

Die neunte Regel lautet: Je mehr du aus Freude gibst, desto mehr wirst du empfangen!

Die zehnte Regel lautet: Danke für die Erfüllung deines Wunsches schon im Voraus!

Die elfte Regel lautet: Nur die ersten beiden Regeln sind wirklich wichtig. Die anderen sind Helfer, die die beiden ersten unterstützen und der universellen Energie dabei helfen, in die richtige Richtung zu fließen und unsere Wünsche zu erfüllen. Wichtig ist, dass man die Regeln kontinuierlich und konsequent anwendet.

Resümee

Wenn wir also die oben genannten Regeln zusammenfassen, sind nur die beiden ersten wirklich relevant. Die anderen sind Helfer, die zum Einen unsere Überzeugung, dass der Wunsch in Erfüllung geht, stärken, zum anderen aber auch der universellen Energie dabei helfen, in die richtige Richtung zu fließen, damit sich unsere Wünsche erfüllen.

Dabei spielt es keine Rolle, ob wir direkt oder indirekt an der Wunscherfüllung beteiligt sind. Als Beispiel sei meine Gicht genannt. Als ich auf meine innere Stimme hörte und anfing, den Honig-Salbei-Tee zu trinken, war ich direkt an der Wunscherfüllung (dass die Gicht verschwindet) beteiligt.

Viele glauben so etwas wesentlich schneller, denn man muss dabei nicht gleich an eine höhere Macht (universelle Energie) glauben, was vielen sehr schwerfällt.

Genauso gut ist aber auch das Beispiel mit dem Parkplatz, bei dem ich nur indirekt beteiligt bin, denn hier spielen so viele Dinge ineinander, die ich nicht steuern kann, um mir genau zum richtigen Zeitpunkt am richtigen Ort einen freien Parkplatz zu verschaffen.

Das ist etwas, was vielen viel schwerer fällt zu glauben – bis sie es selbst bei sich erkennen.

Ich kann immer wieder nur sagen, dass es doch vollkommen egal ist, wer für die Erfüllung unserer Wünsche verantwortlich ist, so lange es keine negativen Konsequenzen für irgendjemanden hat. Schließlich atmen wir auch, ohne wirklich zu wissen warum und wer dafür verantwortlich ist. Machen Sie es sich also bei der Erfüllung Ihrer Wünsche nicht so schwer und nutzen Sie das Wissen, dass Sie hier gelernt haben, genauso, wie Sie Ihre Atmung nutzen.

Wo ist das Fett hin?

Eingangs habe ich erwähnt, dass ich im Jahr 2005 120 Kilogramm gewogen habe, was man auf einigen Fotos meiner Website auch ganz gut erkennen kann. Im Sommer 2009 waren es immerhin noch 102 Kilogramm. Viele fragen sich immer, wie ich es geschafft habe, auf die 74 Kilogramm zu kommen, die ich derzeit wiege und auch halte.

Was glauben Sie denn?

Durch Überzeugung. Ich war überzeugt, dass ich wieder einen Körper haben werde, in welchem ich mich wohl fühle. Ich habe mir diesen Körper vorgestellt. Vorgestellt, wie ich die Kleider wieder anziehe, die in meinem Schrank noch hingen und die ich nicht mal mehr zur Hälfte zubekam.

Und als meine Überzeugung am stärksten war, habe ich angefangen, Fahrrad zu fahren, denn das macht mir Spaß und in meiner Vergangenheit habe ich schon zwei mal recht viel abgenommen und jedes Mal bin ich dabei Rad gefahren. Außerdem sagte meine innere Stimme, dass ich wieder Rad fahren sollte und ich habe auf sie gehört.

Ich habe aufgehört, Cola zu trinken, was mir anfangs sehr schwerfiel, denn ich war regelrecht abhängig davon. Ich habe aufgehört, abends Süßigkeiten zu essen und dann habe ich direkt aufgehört, abends überhaupt etwas zu essen und stattdessen Mengen an Mineralwasser zu trinken.

Aber – dann, wenn ich Lust auf einen Eisbecher habe, genieße ich diesen auch und mache mir keinen Kopf, wie viele Kalorien der hat. Dann, wenn ich Lust habe, mal richtig viel und „ungesund" zu essen, dann tue ich das – ohne mir Gedanken zu machen, wie schlecht das eventuell sein könnte.Jetzt muss ich gleich dazu sagen, dass das bei mir funktioniert, weil ich davon überzeugt bin. Bei jemand anderem funktioniert das unter Umständen überhaupt nicht und er nimmt noch zu dabei.

Wenn man von dem, was man tut, nicht überzeugt ist, wird es auch nicht gelingen. Deshalb gibt es ja 200 Millionen verschiedene Diäten, die alle bei irgendwem funktionieren und bei vielen anderen nicht.

Das Wichtigste überhaupt beim Thema Essen, aber auch bei allen anderen Dingen ist: Das, was man tut/isst, bewusst zu tun/

essen. D.h. wenn ich den oben genannten Eisbecher esse, esse ich ihn, weil ich das ganz bewusst so möchte. Nicht weil gerade alle einen Eisbecher essen und ich „halt mal“ mitesse. Ich esse ihn ganz bewusst und genieße ihn auch ganz bewusst. Erstaunlich finde ich dabei, dass die Dinge einem noch viel besser schmecken, wenn man sie bewusst isst. Genauso ist es aber auch mit allem anderen. Wenn ich z.B. bewusst Sport mache, macht es mir richtig viel Spaß. Wenn ich mich bewusst mit einem anderen Menschen unterhalte, haben wir beide viel mehr von dem Gespräch.

So habe ich also zunächst abgenommen. Mittlerweile gehe ich sogar soweit und sage, dass es vollkommen egal ist, was man isst. Wenn ich voll und ganz überzeugt bin, dass ich statt zuzunehmen, abnehme, dann wird das auch geschehen – egal, was ich esse.

Wieso sonst gibt es Menschen, die essen können, was sie wollen und nicht zunehmen? Wieso sonst gibt es Menschen, die nur vom Hinschauen schon dick werden?

Ich habe schon als Kind gesagt bekommen, dass ich so veranlagt sei und halt schnell zunehme und als Kind verinnerlicht man solche Dinge noch viel schneller und tiefer. Erst nachdem ich diese Überzeugung durch die ersetzt habe, dass ich allein bestimme, ob ich dick oder dünn bin, konnte ich richtig abnehmen und dennoch essen, was ich will.

Geholfen hat mir dabei, dass ich vor rund 15 Jahren an der Untergrenze meines Gewichts ankam – bei 62 Kilogramm. Das war definitiv viel zu wenig, ich habe mich seinerzeit aber auch wohl gefühlt damit. Zu der Zeit habe ich jedoch mindestens genauso viel Cola getrunken, Fast Food, Eis und Süßigkeiten gegessen, als in der Zeit, in der ich 120 Kilogramm hatte. Der Unterschied war also gar nicht das Essen, sondern meine Überzeugung. Damals *wusste* ich, dass ich essen kann, was ich will und nicht zunehme. Es kam sogar soweit, dass ich etwas Panik bekommen habe, weil ich nicht mehr zunehmen konnte – egal, was ich aß. Mit den 120 Kilogramm *wusste* ich, dass ich von jedem Bissen, den ich nahm, weiter zunahm und ich aß die meisten Dinge vollkommen unbewusst.

Die Sache mit dem Sport und dem weniger Essen sind demnach nur weitere Hilfen – so wie ein Wunderheiler bei einem unheilbar Kranken. Noch eine Anmerkung: Ins Fitness-Studio bin ich erst, als ich schon 38 Kilogramm abgenommen hatte!

Man kann sich aber auch die Überzeugung verinnerlichen, dass man z.B. abnimmt, wenn man eine Portion Kartoffelchips ist. Das habe ich getan, um mir selbst zu beweisen, dass das, was ich hier schreibe, auch wirklich stimmt.

Immer wenn ich ein bisschen mehr gegessen habe und dann eine versteckte Überzeugung Alarm schlägt, esse ich eine Portion Kartoffelchips und weiß dadurch, dass ich an diesem Tag nicht zunehme, sondern eher noch abnehme.

Was soll ich sagen? Es funktioniert!

Aus dem Tagebuch eines Wünschenden

Es gibt ein paar Dinge, die mir während des Schreibens dieses Buches passiert sind, die ich Ihnen auf gar keinen Fall vorenthalten will.

Da wir es eben vom Essen hatten, fange ich mit dem Thema auch an. Die letzten Tage hatte ich ein paar Gespräche mit meiner Frau, meiner Tochter und meinem Schwager bzgl. eines vegetarischen Burgers, den es früher in einem meiner Lieblings Fast Food Restaurants gab und seit einiger Zeit nicht mehr dort gibt.

Wir sind darauf gekommen, weil meine Tochter derzeit vorhat, Vegetarierin zu werden und daher dieses Thema sehr oft angesprochen wird.

Nun denn. Vorgestern Abend habe ich noch einmal über den besagten Gemüse-Burger mit meinem Schwager gesprochen und gestern Mittag beim Mittagessen mit meiner Frau. Ich sagte zu ihr, es wäre doch toll, wenn wir irgendwo das Rezept von genau dem Burger finden würden und evtl. gibt es uns ja sogar der Hersteller, weil die das Teil ja sowieso nicht mehr herstellen.

Ein paar Stunden später habe ich „zufällig" im Fernsehen eine neue Werbung von diesem Restaurant gesehen, wo für einen neuen Gemüse-Burger geworben wird ...

Dies ist ein sehr gutes Beispiel, wo ein Wunsch, den man gar nicht mal bewusst als Wunsch formuliert hat, sehr schnell erfüllt wurde. Wir haben ihn gestern Abend auch gleich probiert (den Burger – nicht den Wunsch) und er schmeckt noch etwas besser als früher.

Ein anderes Beispiel, welches im direkten Zusammenhang mit diesem Buch steht, ist leider nicht so lustig und schön.

Vor einigen Tagen hatte ich mit dem Dokument hier etwas ausprobiert. Da ich mit OpenOffice (mit welchem ich dieses Buch auf meinem MacBook schreibe) noch nicht so viel Erfahrung habe, dachte ich mir, ich speichere den aktuellen Stand lieber nochmal. Nach einigen Experimenten stürzte OpenOffice dann erstaunlicherweise ab. Ich startete das Programm neu und konnte auch das Dokument einwandfrei wiederherstellen. Da wünschte ich mir bewusst, dass mein Vorhaben nun direkt gelingt und das Programm stabil weiterläuft (man beachte: Ich habe mir nicht gewünscht, dass es nicht abstürzt, denn damit hätte ich den nächsten Absturz garantiert bekommen!). Es funktionierte – aber ich hatte etwas Angst, dass mir das Programm doch nochmal Probleme bereitet und so speicherte ich alle paar Sätze mittels des Diskettensymbols. So arbeitete ich den ganzen Abend weiter und versetzte dann den Rechner in den Ruhemodus, damit ich am nächsten Tag genau dort weiter arbeiten konnte, was ich auch zwei Stunden lang tat.

Als ich dann an dem Punkt angekommen war, wo ich das Buch das erste Mal ausdrucken wollte, passierte etwas Interessantes. Ich speicherte es erneut über das Diskettensymbol und schloss das Dokument aus Versehen bzw. unbewusst.

Als ich es erneut öffnete, war der Stand des Dokuments genau der, als OpenOffice abgeschmiert ist. Alle Änderungen (immerhin zwei komplette Kapitel und jede Menge Änderungen) waren verschwunden. Alle Versuche, sie wieder zu finden, sind gescheitert.

So etwas ist mir bis zu dem Zeitpunkt noch nicht passiert und ich war zunächst geschockt. Ich suchte im Internet nach ähnlichen Problemen, habe aber keine gefunden und demnach auch keine Lösung.

Als ich meinen Frauen erklärte, was passiert war, erzählte ich u.a. ganz nebenbei, dass ich ja ständig auf Speichern geklickt habe, weil ich Angst hatte, dass doch noch etwas passiert. Und in dem Moment, wo ich mich diesen Satz habe aussprechen hören, wusste ich, was passiert war.

Ich hatte Angst. Ein sehr schöner, wenn auch mühsamer Beweis, dass alles, was ich hier schreibe, auch tatsächlich stimmt. In dem Moment musste ich laut lachen, weil ich gerade ein Buch schreibe, in dem ich den Menschen erkläre, dass sie das, wovor sie Angst haben, auch beiziehen und ich selbst mache es ...

Sie sehen, man lernt niemals aus und man sollte sich immer bewusst machen, was man aussendet.

Jetzt ist aber Schluss

Nun sind wir aber endgültig am Ende angekommen.

Mir bleibt jetzt nur noch, mich bei Ihnen zu bedanken, dass Sie dieses Buch gelesen haben und Ihnen viel Spaß beim Üben zu wünschen und mich auf Ihre Resonanz zu freuen, die Sie mir zusenden, nachdem einige Ihrer Wünsche sich erfüllt haben.

Dafür bedanke ich mich bereits jetzt.

In diesem Sinne,

Ihr Markus A. Litters

Ein Dankeschön

Ganz wichtig, gerade für dieses Buch, ist mir das Thema *Danke*. Danke, dass ich jetzt und hier bin. Ich bedanke mich bei allen Menschen, Ereignissen und Wesen, die dazu beigetragen haben, dass ich heute da bin, wo ich bin. Ich danke meinen Eltern, dass sie mir eine so behütete Kindheit verschafft haben. Ich danke meinen Schwiegereltern, dass sie meine Frau zum richtigen Zeitpunkt auf diese Welt gebracht haben. Ich danke meiner Frau, dass es sie gibt und wir uns gefunden haben. Ich danke meiner Tochter, dass sie genau so ist, wie sie ist. Ich danke Herrn und Frau Möbus, dass sie mich zur Buchveröffentlichung motiviert und zum Rosamontis Verlag geführt haben. Und zum Schluss bedanke ich mich dafür, dass ich aufgewacht bin, all die niedergeschriebenen Dinge erfahren durfte und sie nun anderen Menschen mitteilen kann, was mir sehr viel Spaß macht.

Danke auch an Frau Heugel und dem Team vom Rosamontis Verlag.

Auch Ihnen, liebe Leserin/lieber Leser, für Ihr Interesse an meinem Buch ein herzliches Dankeschön!